I0137800

L'ABBÉ SOULAS

ET

SES OEUVRES.

In²⁷ 19095

Montpellier, imprimerie de P^re CROLLIER,
rue des Tondeurs, 9.

Lith. Boehn, Montpellier

L'ABBÉ

SOULAS

ET

SES OEUVRES,

PAR UN DE SES AMIS.

AVEC PORTRAIT.

Il est passé en faisant le bien.
(*Act.*, ch. X, v. 38.)

Au profit d'une œuvre.

MONTPELLIER,

Chez Félix Seguin, Libraire, rue Argenterie.

1857.

L'ABBÉ SOULAS

ET

SES ŒUVRES.

Il est passé en faisant le bien.
(*Act.*, ch. X, v. 38.)

———◇◇◇———

I.

L<small>A</small> mémoire du juste vivra toujours, disent les livres saints ; à plus forte raison sera-t-elle éternelle si ce juste est un prêtre selon le cœur de Dieu. Dévoré de zèle pour la gloire de son Maître, plein d'une charité sans bornes pour le prochain, puissant en œuvres et en paroles, homme de foi par-dessus tout, un saint prêtre est le plus beau présent du Ciel à la terre, et le Catholicisme n'a pas de plus beaux ouvrages.

Un de ces anges de paix qui ont illustré le

sanctuaire, le grand Vincent de Paul, disait dans son naïf langage : O qu'un saint prêtre est une *bonne chose!* Il avait bien raison ; un saint prêtre est le chef-d'œuvre de la religion chrétienne, elle se sert de lui pour fermer la bouche à ses détracteurs, qui l'insultent aux heures des scandales. C'est alors qu'elle fait germer dans son sein des gardiens vigilants de l'autel, des Onias fidèles, copies toujours vivantes de la noble figure du Grand-Prêtre, du Pontife saint et séparé des pécheurs, de Celui, en un mot, qui a compati à toutes les misères de l'humanité par l'effusion de son sang divin.

Tel était hier encore celui dont la ville et le diocèse de Montpellier pleurent la perte. Si nous essayons d'esquisser à grands traits les principales actions de sa vie d'apôtre, c'est moins pour perpétuer sa mémoire, qui subsistera à jamais parmi nous comme les œuvres qu'il a fondées, que pour faire aimer et bénir une religion dont la fécondité prouve encore au dix-neuvième siècle qu'elle n'a pas fait son temps, qu'elle vit dans une éternelle jeunesse, puisqu'elle enfante aujourd'hui comme hier des bienfaiteurs de l'humanité, sur la tombe desquels on gravera après leur mort cette courte mais éloquente parole de l'Évangile : *Pertransiit benefaciendo. Il est passé en faisant le bien.*

C'est donc avec confiance que nous offrons cette modeste brochure aux nombreux amis de l'abbé Soulas, et nous sommes convaincu qu'elle recevra de leur part un accueil favorable. Le souvenir de l'homme de Dieu est trop profondément gravé dans tous les cœurs, pour que tous ne s'empressent pas de connaître les détails d'une vie pleine de mérites devant Dieu et devant les hommes.

N'oublions pas, du reste, que le héros de notre histoire est père d'une grande famille spirituelle. Il a laissé après lui, pour continuer ses œuvres, des prêtres et des sœurs dont le dévouement aura besoin de se retremper sans cesse dans l'esprit de leur fondateur. Puisse notre petit livre servir de guide et d'encouragement à ces enfants éplorés! Ils seront heureux de dire, en le montrant à ceux qui viendront plus tard partager leurs travaux : VOYEZ QUEL ÉTAIT LE PÈRE QUE LE CIEL NOUS AVAIT DONNÉ.

Prêtres, religieuses, fidèles, en un mot, qui que vous soyez, que la vie du regrettable abbé Soulas soit pour vous tous un exemple à suivre. *Regardez et faites suivant le modèle qui est sous vos yeux. Aspice et fac secundum exemplar quod tibi in monte monstratum est.*

II.

L'abbé Soulas naquit à Viols-le-Fort, le 29 février 1808, d'une famille de simples cultivateurs. Son père s'efforça de donner à ses nombreux enfants une éducation conforme à la carrière qu'ils devaient embrasser dans la suite. André était le troisième ; de bonne heure il se distingua parmi tous ses frères et parmi ses compatriotes du même âge par une piété vive, par une foi ardente, qui donnèrent des marques sensibles de la vocation à laquelle il était appelé.

C'est dans le jeune âge que l'homme révèle ordinairement ce qu'il sera plus tard au milieu de la société. Les bonnes et les mauvaises dispositions de son cœur sont comme les données certaines de son avenir. Aussi, pour un œil tant soit peu exercé, le jeune André Soulas était apôtre dès ses plus tendres années, tant à cause de son goût prononcé pour le service des autels qu'à cause de son heureuse inclination vers la miséricorde. On raconte de lui qu'à l'âge de dix ans, il s'adonnait à la lecture de la vie des Saints, et qu'un jour, rencontrant dans un livre qu'un d'entre eux, pour se sanctifier, ne mangeait que du pain et donnait tout le reste aux pauvres, il prit la résolution d'arriver au Ciel par la même route. A cette époque de sa vie, ses parents l'envoyaient quelquefois aux champs pour garder les troupeaux ; sa mère avait soin de mettre dans son petit sac de toile, avec un morceau de pain, quelques aliments pour ses repas. Le jeune André gardait le pain pour lui et donnait le reste au premier pauvre qu'il rencontrait dans le village ou sur les sentiers des montagnes. Surpris un jour dans son pieux stratagème, il avoue ingénument à sa famille qu'il avait voulu imiter l'action des Saints afin de partager leur bonheur. Ce trait rappelle celui d'un autre berger qui, au même âge, se permettait aussi de petits larcins dans la maison paternelle en faveur des pauvres, soit en partageant avec eux son morceau de pain, soit en leur ouvrant le sac au retour du moulin pour leur donner des poignées de farine. Ce berger n'était autre que Vincent de Paul, dont notre jeune Soulas devait être plus tard un imitateur fidèle dans les œuvres de la charité. En effet, jusqu'à la fin de ses jours, il ne se démentit jamais de cette miséricorde. Comme Vincent de Paul, l'abbé Soulas devait dire, même dès les premiers jours de sa vie : *Bien peu pour moi, mais beaucoup pour les autres.*

Dieu, qui a toujours béni la charité quand elle est pratiquée au prix des sacrifices, ne tarda pas à récompenser le jeune enfant de ses premières libéralités. Son père se demanda, comme le père de saint Jean-Baptiste, ce que serait un jour ce petit bienfaiteur ; il devina les desseins de la Providence, et, loin d'en arrêter les plans, il les favorisa, au contraire, en destinant son fils à l'état ecclésiastique. Ce fut le curé de la paroisse de Viols, M. l'abbé Roques, qui l'initia aux éléments de la langue latine. Près de ce prêtre si modeste, le petit André s'inspira de bonne heure de l'amour de la règle. Son premier précepteur lui en montra le prix plus encore par ses exemples que par ses conseils ; c'est pourquoi de telles leçons portèrent bientôt leur fruit.

Son goût pour la piété, ses premiers progrès dans ses études classiques ne firent qu'accroître son penchant pour le sacerdoce, et son père dut céder à ses vœux en l'envoyant au séminaire pour continuer son éducation cléricale. Là, notre jeune élève se fit remarquer par sa ferveur, et s'il ne montra pas de talents extraordinaires comme quelques-uns de ses condisciples, il révéla une telle puissance de foi et un goût si prononcé pour le ministère apostolique, que ses camarades lui reconnaissaient déjà le zèle et l'éloquence d'un missionnaire. La nature semblait travailler de concert avec la grâce pour la réalisation de ce louable désir. Doué d'une constitution forte, d'une physionomie ouverte et expressive, d'une voix vibrante et sonore, il s'exerçait, jeune encore, à la déclamation et prêchait déjà dans ses compositions classiques. Sa narration, ses discours de rhétorique étaient une suite non interrompue de mouvements oratoires qui émouvaient le cœur des écoliers et des maîtres. Déjà les sermonaires étaient ses auteurs favoris. Il avait une prédilection marquée pour le père Bridaine ; il copiait des pages entières de ce prédicateur, et puis il se plaisait à les déclamer devant ses amis ou dans la solitude avec une force et une onction au-dessus de son âge.

C'est avec de tels éléments que notre jeune lévite parut au grand séminaire. A peine fut-il entré dans cette maison de retraite et d'étude, qu'il comprit que le temps était venu de redoubler d'ardeur pour l'acquisition des vertus sacerdotales par lesquelles il devait un jour édifier les peuples. Aussi le vit-on accueillir avec empressement toutes les œuvres de zèle auxquelles il fut appliqué. Envoyé successivement dans les paroisses, dans les hôpitaux, dans les prisons pour y exercer le ministère de catéchiste, il s'en acquittait toujours comme un apôtre ; il y avait déjà foule autour de lui. Enfants, spectateurs, tous étaient remués par sa parole brûlante. Ses premiers essais présageaient déjà ses succès futurs.

Sa charité pour ses condisciples lui faisait souvent remplir auprès d'eux l'office de *garde-malade*, et il s'en acquittait si bien, qu'il fut bientôt apprécié par eux et par ses supérieurs. Pendant ses veilles auprès de ses amis malades, inclinant toujours par sa foi vive à la méditation des vérités éternelles, on l'a eu surpris s'essayant à supporter le feu du brasier placé devant lui. Un de ses nombreux amis, qu'il veillait, étonné de cette manœuvre, lui demanda ce qu'il prétendait faire ; il répondit naïvement : *Mon cher, je pensais à l'éternité ; je ne puis supporter un instant le feu de ce monde, comment pourrais-je supporter le feu de l'enfer ?*

Aussi, quand le moment fut venu de se soumettre à l'exercice de la prédication tel qu'on le pratiquait alors au grand séminaire, il choisit les supplices de l'enfer pour sujet de son premier sermon. Ceux qui l'ont entendu dans ce début oratoire, nous ont souvent assuré que ses auditeurs furent tellement pénétrés d'épouvante, qu'on vit les directeurs eux-mêmes interrompre leur repas et donner des signes d'une émotion difficile à contenir.

Si la charité était déjà la vertu de son cœur, la naïveté était le fond de son caractère ; elle était chez lui l'indice d'une innocence conservée et d'une ignorance complète des ruses et des malices du monde. C'est pourquoi la franchise éclatait dans ses paroles ; on s'en apercevait au premier abord, et cette aimable disposition lui donnait une teinte prononcée de jovialité qui le faisait rechercher de tous ses condisciples pendant les récréations. Si, plus tard, on l'a vu perdre ce côté gracieux de son caractère pour se revêtir d'un extérieur plus sévère, c'est à ses grandes occupations, c'est à son état maladif qu'on doit attribuer ce changement.

Enfin, le moment arrive pour lui de recevoir l'onction sainte et de voler dans le camp du Seigneur pour y dépenser ses forces et son zèle à la conquête des âmes. Inutile de dire avec quel redoublement de ferveur il se prépara à cette nouvelle transformation qui devait s'opérer dans tout son être. C'était pendant la vacance du siége, rendu tel par la mort de Mgr Fournier, qu'eut lieu l'ordination de la Trinité en 1835. Mgr de Chaffoy, évêque de Nîmes, fut prié par nos vicaires capitulaires de vouloir bien consoler l'Église de Montpellier de son long veuvage, en imposant les mains à nos jeunes lévites qui avaient été jugés dignes de cette grande faveur. L'abbé Soulas suivit donc ses condisciples dans la vieille cité romaine, et ce fut avec la plus grande émotion qu'il se prosterna devant le pieux pontife pour recevoir la consécration sacerdotale. On raconte qu'à son retour à Montpellier, il édifiait, pendant son voyage, ses pieux amis par l'expression de son bonheur et de sa joie, dont il lui était impossible de comprimer les élans. Mais ce fut bien autre chose quand, traversant un village peuplé de protestants, il voulait à toutes forces descendre de voiture pour aller prêcher la religion catholique à la population réunie. « Voyez, disait-il à ses camarades, les larmes aux yeux, en leur montrant un clocher ; voyez comme il est triste de ne pas découvrir sur ce temple la croix de notre divin Maître ! Allons, descendez avec moi ; appelons ces gens ; nous les convertirons. Il me semble qu'on ne résistera pas à notre parole. » Si quelqu'un l'eût suivi, l'abbé Soulas n'eût pas craint de haranguer la foule. On dut le calmer et lui prouver que son zèle deviendrait une témérité qui, bien loin de servir les intérêts de la religion, la compromettrait au contraire. Il

le comprit, et, s'apaisant peu à peu, il se borna
à adresser au Ciel des prières ferventes pour le
salut de nos frères séparés.

Qui ne reconnaît à ce trait le caractère domi-
nant de l'abbé Soulas? Ce zèle impétueux, animé
par la foi la plus vive, devait le suivre jusqu'au
tombeau, en devenant entre les mains de la Providence l'instrument de toutes les merveilles qu'il
a laissées après lui pour la plus grande gloire de
Dieu.

Le lendemain, dans notre chapelle du Séminaire, il fut, à sa première messe, comme un
séraphin. C'est en ce jour que ses yeux se chan-
gèrent en deux fontaines de larmes intarissables ;
car, jusqu'à sa mort, il ne monta jamais au saint
autel sans être pénétré de la même vivacité de foi
et du même attendrissement. Quand on le suivait
attentivement dans toutes les diverses parties du
saint Sacrifice, à la distribution du pain eucha-
ristique, au moment de la communion, on aurait
dit qu'il voyait Notre-Seigneur des yeux du corps
comme il le voyait des yeux de la foi. Un tel
amour pour le Dieu de nos autels dans une âme ardente comme la sienne, ne pouvait qu'être la source
de toutes les nobles inspirations qu'il a eu le bonheur de réaliser dans la suite avec tant de succès.

III.

A peine revêtu de la dignité de prêtre, l'abbé
Soulas reçut son titre de vicaire à La Salvetat.
Pour quiconque connaît ces confins de notre
beau diocèse, il sera facile de comprendre toute
la joie de notre jeune apôtre, lui qui, depuis
son enfance, n'avait eu d'autre ambition que
celle d'apporter la foi au peuple de la Chine ou
du Nouveau-Monde. Tel fut, en effet, son rêve;
et nous tenons de source certaine que s'il ne l'a
pas réalisé dès les premiers jours de son sacerdoce, c'est qu'il se défiait de ses propres forces
et qu'il ne se croyait pas assez de vertus pour
aller braver les persécutions et les dangers plus
funestes encore de l'isolement que rencontre le
pauvre missionnaire sur les plages inhospitalières
de ces contrées. On ne sait ici ce qu'il faut le plus
admirer, ou de ce zèle prêt à rompre toutes les
barrières, ou de cette humilité qui le comprime.
Par l'un, l'homme de Dieu veut sauver les autres; par l'autre, il veut se sauver lui-même. Mais
qu'on aime à trouver dans notre jeune prêtre

cette défiance de soi, cette humilité chrétienne, qui donnèrent une base solide à sa vertu et furent le contre-poison de l'ambition, de l'amour-propre, de la vaine gloire, funestes dangers qui viennent assaillir les nouveaux ministres des autels dès leurs premiers pas dans la carrière sacerdotale!

L'abbé Soulas, en recevant son titre, crut être l'objet d'une grâce particulière de la part de Dieu; il lui sembla que la Providence allait le mettre à l'école de l'apostolat, tout en respectant ses hésitations. La Salvetat lui apparaissait comme un apprentissage, ou plutôt comme le chemin des missions étrangères, et cette pensée le dirigea dans les durs travaux qui l'attendaient à son poste, se souvenant de cette parole du Prophète : *Qu'ils sont beaux sur la montagne les pieds de ceux qui vont annoncer la paix!* Il était toujours à cheval pour aller visiter les nombreux hameaux d'une paroisse qui n'a pas moins de huit lieues de circonférence. A travers le givre, la neige, la pluie, il allait porter les secours de la religion aux malades, instruire les agonisants, assister les malheureux, prêcher à tous; il était toujours prêt à partir et il était heureux de remplacer ceux de ses confrères qui, par indisposition ou à cause d'un dérangement, ne pouvaient s'acquitter d'un tel devoir.

Peu de jours après l'on s'aperçut, dans cette partie du diocèse, qu'un homme de dévouement était passé par là. Une circonstance, parmi tant d'autres, avait encore mieux fait éclater le zèle dont l'âme ardente du jeune prêtre était embrasée : un grand incendie éclata dans le pays et le feu, faisant des progrès rapides, menaçait d'envahir les maisons voisines ; il importait au salut de plusieurs familles que des mains courageuses arrêtassent promptement les progrès du sinistre. Cette tâche n'était pas sans danger. Accourir sur les lieux de la scène, organiser la population, relever le courage des cœurs consternés, fut pour l'abbé Soulas l'affaire d'un instant. Il fit bien plus encore : n'écoutant que son zèle, il ne craignit pas de s'élancer au milieu des flammes, à la tête des plus intrépides ; tantôt au faîte de la maison, tantôt au bord des toits prêts à s'engloutir sous ses pieds, il recevait les masses d'eau que la chaîne des travailleurs lui faisait parvenir, et après une lutte de plusieurs heures, ses habits à demi-brûlés, sa figure et ses mains noircies par la fumée, il était reçu avec enthousiasme au milieu de la foule, qui lui témoignait, les larmes aux yeux, toute sa reconnaissance et le bonheur qu'elle éprouvait de le voir échapper sain et sauf aux dangers qu'il avait courus. Cette espèce d'ova-

tion eût suffi sans doute pour le dédommager de
ses fatigues, s'il n'eût été plus heureux au fond
de sa conscience par la pensée qu'il venait d'accomplir un devoir, d'arrêter un grand malheur
et de faire du bien à ses frères pour lesquels il
aimait à exposer sa vie.

Cette action fit grand bruit dans les environs
de La Salvetat, et lui acquit un redoublement
d'estime pour ses vertus, de la part même des
ennemis de la religion, chez lesquels le dévouement du prêtre fait toujours la plus salutaire impression. Quant à lui, il aurait voulu dans cette
circonstance n'être vu que de Dieu ; il repoussait
énergiquement les éloges qu'on était heureux de
lui adresser, et quand plus tard on lui rappelait
ce beau trait de sa vie, il cherchait à en atténuer
le mérite en répondant à ses amis : *Ce n'était
presque rien; à ma place vous en auriez fait
autant.*

Mgr Thibault, qui entrait à peine dans son diocèse, fut informé de la belle conduite de notre
jeune vicaire, et, soit pour le récompenser de
son dévouement, soit pour l'avoir sous ses yeux
et être témoin de son zèle, le nomma vicaire de
sa cathédrale.

Homme d'obéissance avant tout, l'abbé Soulas
descendit du haut des montagnes pour se rendre

dans la ville épiscopale, emportant les regrets et l'affection de ceux qu'il avait évangélisés et qui lui gardèrent un souvenir profond de tout ce qu'il avait fait pour eux. Ce souvenir ne s'est pas encore éteint dans le cœur de ces bons paysans, qui parlent de leur ancien vicaire dans les termes de la plus profonde vénération.

Qui consolera l'homme de Dieu dans son éloignement des campagnes? Sera-ce la perspective des honneurs qui semblent lui sourire? l'espoir de monter plus haut? Oh! non, hâtons-nous de le dire, notre jeune prêtre n'est pas fait pour les grands postes; il est trop humble et trop détaché des vaines idées d'ambition. Sa modestie lui faisait redouter une chaire aux pieds de laquelle se groupe si souvent l'élite du clergé et des fidèles de notre ville. Son cœur cherchait des auditoires moins difficiles; il rêvait le peuple des campagnes; il demandait souvent et de mille manières l'honneur de suivre dans leurs courses apostoliques les missionnaires diocésains. Il ne fut exaucé qu'un an après, au sortir de l'Hôpital-Général, où il exerça pendant deux ou trois mois les fonctions de second aumônier. Le jour où il fixa la croix d'apôtre sur sa poitrine fut un des plus beaux jours de sa vie; il remercia Dieu avec larmes, et puis, quand vint l'heure de la moisson, il se leva comme un géant pour parcourir sa carrière.

Ce qui distingue un apôtre, c'est le dévouement, c'est le sacrifice de tout pour suivre son Maître. Un apôtre n'a qu'une passion : c'est la gloire de Dieu, c'est le désir de le faire connaître et de le faire aimer par tous les hommes. Son cœur, plus vaste que le monde, ne peut être comparé qu'à un océan sans fond et sans rives. Sauver des âmes, voilà pour lui le souverain bonheur ; et s'il réussit dans une si noble entreprise, c'est qu'il aime. L'amour, voilà le secret ; l'amour facilite les sacrifices, fait supporter les fatigues et donne cette éloquence à laquelle rien ne résiste. Telle fut constamment la doctrine de l'abbé Soulas. « Un jour qu'un savant théologien parlait devant lui de la nécessité de la science : — Vous avez raison, répondit-il ; mais pour convertir les pécheurs, il y a quelque chose de mieux que la science : c'est la charité (1). »

Nous l'avons dit plus haut, l'abbé Soulas n'avait pas de talents extraordinaires, et cependant, sur la chaire évangélique, il fut un orateur éloquent, et ceux qui l'ont connu savent aussi bien que nous, combien sa parole était passionnée,

(1) Notice par M. Emmanuel d'Alzon.

entraînante et persuasive. Il réussissait mieux encore dans l'improvisation que dans des discours écrits. Une fois en présence de son auditoire, il le foudroyait et l'enlevait malgré lui à l'indifférence pour le donner à son Dieu. Son accent si plein de conviction, sa physionomie où se reflétaient tous les sentiments de son cœur, sa voix stridente et majestueuse, contribuaient puissamment à ses innombrables victoires. Dans le cours de huit années, il parcourut un grand nombre des paroisses du diocèse, et partout il se fit écouter, admirer ; mieux encore, rechercher, soit par le peuple, soit par les grands du siècle, qui se pressaient autour de sa chaire non pour y chercher des tournures agréables, des effets de style et d'harmonie, mais pour s'y laisser terrasser par les mouvements de l'éloquence du cœur. Il lui arrivait souvent, au milieu de ses discours, de substituer à sa composition des pensées subites qui, par la chaleur de l'inspiration dont il était agité, devenaient des traits sublimes d'éloquence et le transformaient en véritable tribun. De tous nos missionnaires de cette époque, il n'en est pas peut-être qui aient rappelé mieux que lui le roi des missionnaires, l'immortel Bridaine, cet apôtre du dernier siècle, ce restaurateur de la foi dans presque toutes nos populations méridionales.

Partout où l'abbé Soulas était envoyé par ses supérieurs ecclésiastiques, il laissait des traces ineffaçables de son zèle. Si dans tous les lieux il n'eut pas les mêmes consolations, c'est qu'il ne rencontra pas toujours des peuples également disposés à profiter de la parole sainte. Il est des terres plus ingrates les unes que les autres ; la rosée du ciel y pénètre difficilement, les fruits de salut n'y peuvent germer qu'à force de sueurs abondantes et à l'aide d'un courage inébranlable. L'abbé Soulas se montra toujours à la hauteur d'une telle mission. Il s'immola comme un apôtre pour ses frères, opposant une énergie toujours nouvelle aux obstacles que l'ennemi des âmes opposait à son ministère dans des contrées plus incultes et plus sauvages ; lorsque le succès ne répondait pas à son zèle, dans certaines circonstances pourtant bien rares, il s'en prenait à lui-même, s'accusait devant Dieu de son peu d'amour pour lui, et se châtiait en versant des larmes, comme pour se punir de n'avoir pas brisé des cœurs de pierre.

Nous n'entreprendrons pas, dans cet opuscule, de suivre pas à pas notre jeune missionnaire dans sa marche d'apôtre ; c'est un travail au-dessus de nos forces. Il n'est pas facile d'exposer une vie si pleine de mérites devant Dieu et devant les hommes. Tout ce que nous pouvons dire c'est que, pendant huit années de combats, nou voyons l'homme de Dieu porter d'une main ferm le glaive de la parole évangélique, tandis que d l'autre il amassait une ample moisson de palme et de couronnes à la Religion, soit dans les villes soit dans les campagnes où il était appelé.

Nous signalerons cependant quelques-uns d ses plus beaux triomphes. Il n'y avait pas long temps que l'abbé Soulas s'était enrôlé sous la ban nière de l'apostolat, lorsque M. l'abbé E. d'Alzon grand-vicaire de Nimes, son ami de séminaire le fit appeler par son évêque, Mgr Cart, pour l station du carême de la paroisse Saint-Charles dans la ville épiscopale. L'abbé Soulas n'avai presque pas de sermons écrits ; aussi ne se crut-i pas digne de la chaire qu'on lui offrait, et i déclina l'honneur d'y monter. « Je n'ai prêché, écrivait-il, qu'à des paysans et aux habitants des campagnes, comment aurais-je le courage de me présenter devant un auditoire de ville avec le modeste bagage d'un pauvre missionnaire ? — N'importe, lui fut-il répondu ; venez tel que vous êtes, et cela nous suffit. » — Immoler son amour-propre et s'abandonner entièrement à la Providence n'était pas une chose difficile pour un prê-tre plein de foi, accoutumé du reste à ne jamais

se rechercher lui-même. La station fut donc acceptée. A la vue de ce prédicateur si simple et si
modeste, une impression de respect se fait sentir
à tous les cœurs. On arrive de toute part pour
entendre les vérités éternelles annoncées avec
l'ardeur et l'indépendance des apôtres. Bientôt les
orateurs brillants sont désertés ; riches, pauvres,
tous viennent à Saint-Charles, comme autrefois
à Paris quand Bridaine y faisait gronder sa grande
voix. Les hommes surtout se sentirent tellement
entraînés, qu'un très-grand nombre d'entre eux
changea de vie. A la clôture de cette belle mission, Mgr Cart communia de sa main douze cents
hommes dans la seule paroisse de Saint-Charles.
Pendant ce temps de miséricorde, l'abbé Soulas
fut tellement surchargé de confessions, qu'il passait souvent une grande partie de la nuit à récon-
cilier les pécheurs.

Quand le bruit de tels succès retentit à Montpellier, il contribua puissamment à populariser
notre apôtre, de sorte que le nom de l'abbé Soulas
était magique. Il suffisait de l'annoncer dans un
pays pour lui former aussitôt un auditoire et
préparer tous les cœurs à profiter de sa parole
avant même qu'elle se fît entendre. Dieu, qui
voulait se servir de cet homme pour d'autres
œuvres au chef-lieu du diocèse, travaillait à lui

gagner la confiance de tous les cœurs, en le rendant ainsi populaire parmi ses concitoyens.

Mgr Thibault, appréciant de plus en plus l'homme de Dieu qui travaillait avec tant de zèle et de dévouement au salut des peuples, l'appliquait sans relâche au renouvellement de son diocèse. Il nourrissait depuis longtemps au fond de son cœur le désir d'ériger une paroisse rurale au grau de Palavas. L'isolement de tant de pêcheurs groupés dans de chétives cabanes sur la plage de la mer, la difficulté pour cette population de se livrer à la pratique des devoirs religieux, à cause de l'éloignement des paroisses voisines, avaient attiré la sollicitude du premier pasteur sur cette partie si intéressante de son grand troupeau. Il se hâta de réaliser une telle pensée, et, quand par ses soins et ses démarches toutes les difficultés allaient être aplanies, il fit l'essai de ce peuple de la mer, en le préparant à un nouvel ordre de choses par les prédications de l'abbé Soulas. Mais ce peuple à demi-sauvage était si peu accoutumé à voir le prêtre qu'à l'apparition de notre missionnaire, hommes et femmes, saisis de frayeur, se cachèrent. A cette époque, il y avait peu de rapports entre ces pêcheurs et les habitants de la ville de Montpellier, les bains du grau de Palavas étant beaucoup moins en vogue que de notre

temps. Semblables à d'autres peuples éloignés de
toute civilisation, ils appelaient le missionnaire
l'homme noir, et ne voulaient avoir avec lui aucune communication.

Cependant, c'était un dimanche, l'abbé Soulas
avait choisi ce jour pour ouvrir sa mission, en
offrant le saint Sacrifice de la messe sur une plage
qui n'avait jamais peut-être vu couler le sang de
Jésus-Christ. Il s'ingénia à apprivoiser cette population farouche. D'abord il pénétra dans toutes
les habitations, et à force de caresses, d'instances,
de prières, il parvint à attirer les pêcheurs au
bord de la mer. Il apprit, chemin faisant, qu'il y
avait bien longtemps qu'ils n'avaient pris de pois-
son. Alors une idée subite s'empare de lui, il se
souvient d'un trait de la vie du Seigneur qui lui
avait gagné la confiance de tous les Apôtres, lorsqu'il fit le prodige de la pêche miraculeuse. Sa
grande foi le pousse à convaincre ces hommes que
la cause de leur pénurie et de leur peu de succès
dans leurs rudes travaux vient de ce qu'ils n'en-
tendent pas la messe, et il les assure que, s'ils
veulent avoir le lendemain une bonne pêche, ils
doivent assister au saint Sacrifice qu'il allait offrir
à cette intention. On l'écoute, le silence se fait
autour de lui, car le ton de conviction avec lequel
le prêtre vient de s'exprimer, commence à faire

sur les auditeurs la plus vive impression. Tous
promettent d'assister à la messe. Mais où réunir
ces bonnes gens? De toutes les petites huttes
qui couvrent la plage, quelle est celle qui sera
assez spacieuse pour contenir la population? Une
inspiration mit fin à toutes les difficultés. La
saison était belle; on pouvait prêcher en plein air,
il suffisait de s'abriter contre les ardeurs du soleil.
Alors, groupant autour de lui les hommes, les
femmes et les enfants, l'abbé Soulas leur fait part
de son plan et les invite à l'exécuter, en renou-
velant sa promesse d'une abondante pêche pour
le lendemain, et bientôt toutes ces têtes méridionales s'échauffent ; les uns apportent les voiles de
leurs barques, d'autres des mâts et des cordages,
les femmes se mettent à l'œuvre ; une tente est
dressée comme par enchantement, un autel s'élève
au milieu, l'abbé Soulas y célèbre le saint Sacrifice, et fait entendre à ces hommes brûlés par le
soleil des paroles de feu. Comme sa prière fut
ardente! Il demanda avec larmes à la sainte Victime d'avoir pitié de ces hommes en faveur de
leur salut, et de rendre fécondes ces vagues azu-
rées qui venaient, en murmurant, expirer sur
le rivage. Il fut exaucé. Le lendemain matin, on
voyait s'agiter tout un peuple sur les bords de la
mer, et des cris de joie faisaient retentir l'im-

mense plage ; le filet était tellement rempli de
poissons qu'il se déchirait de toute part, et la
pêche fut si abondante que les vieillards assu-
raient n'en avoir jamais vu de semblable sur cette
partie de la côte. Mais qui pourra exprimer les
folies qui eurent lieu à l'apparition de l'abbé Soulas quand il vint, le soir, s'assurer de ce prodige?
Il faillit d'être étouffé au milieu des manifestations
de la reconnaissance ; on lui baisait les mains et
les habits, on lui déchirait même sa soutane, on
le portait en triomphe, on l'invitait dans toutes
les chaumières à goûter les fruits de la pêche
dont on lui attribuait tout le mérite. C'en était
fait : il avait conquis la confiance de ce peuple,
qui lui jurait d'être fidèle, en assistant désormais
à la messe le saint jour du dimanche.

Cette mission, commencée sous de si heureux
auspices et avec de telles bénédictions de la
part du Ciel, centupla les forces de notre apôtre.
Tous les jours pendant un mois, il arrivait au
milieu de ses pêcheurs devenus doux comme des
agneaux ; il faisait ce long voyage toujours à
pied, matin et soir, et quand il arrivait, armé
de son bâton et de son bréviaire, tout le monde
accueillait l'homme noir et accourait sous la tente
pour l'entendre. On aurait dit saint François Xavier évangélisant une de ces peuplades sauvages

auxquelles il vouait ses sueurs et ses fatigues ; et certes, si la même dégradation de mœurs ne se rencontrait pas sur les bords de la Méditerranée comme sur les rivages de la mer des Indes, on y trouvait la même ignorance des mystères de Dieu et de sa religion sainte. Notre nouveau Xavier avait donc devant lui une terre bien dure à défricher ; mais qui pouvait abattre son courage de géant? Son zèle grandissait avec les difficultés pour les vaincre. Il redoubla d'ardeur, obtint un ecclésiastique du séminaire pour faire l'office de catéchiste ; dans moins de quatre semaines, Palavas fut remué, converti, sauvé. Quelques mois après, une église spacieuse remplaçait la tente du rivage, et un curé plein de zèle achevait ce que le missionnaire avait si heureusement commencé.

Dans un des jours de cette mission, l'abbé Soulas revenant à Montpellier, un marais que les pluies ou le flux de la mer avaient considérablement accru lui intercepta le passage ; il ne pouvait pourtant atteindre le grand chemin sans traverser cet obstacle, et ce n'était pas chose facile pour le missionnaire, qui a toujours eu une répugnance insurmontable à se mettre à l'eau, même pendant la belle saison ; mais on ne le laissa pas longtemps dans l'embarras : deux hommes d'une

force athlétique, ayant prévu le cas, l'avaient pré-
cédé et l'attendaient de pied ferme au bord du
marais pour le traverser sur la rive opposée ; il
dut se mettre à califourchon sur les épaules de l'un
d'eux, et quand, arrivé sur l'autre bord, il s'attendait à reprendre sa marche, ses deux guides s'y
opposèrent ; ils avaient formé le dessein de porter
ainsi leur missionnaire jusques dans son appartement en traversant toute la ville ; ils s'étaient per-
suadés que ce moyen en valait bien un autre pour
lui témoigner leur reconnaissance. Qu'on s'ima-
gine l'étonnement de l'abbé Soulas quand il apprit
cette détermination. Il eut beau prier avec larmes, frapper des pieds et des mains, rien ne put
décider ces braves gens à le dégager de leurs
étreintes, et force fut de se soumettre. Ce n'est
qu'aux portes de Montpellier que les supplications
éloquentes du missionnaire parvinrent enfin à lui
obtenir de mettre pied à terre ; mais peu s'en fallut
qu'il ne fût porté à travers les rues de la cité sur
ce char de triomphe d'une nouvelle espèce. Rendu
à la liberté, il serra fortement la main à ces généreux compagnons de voyage, qui se dédom-
magèrent de leur déception en accompagnant leur
bon missionnaire jusques dans la maison de Saint-
Charles. Cette action dit assez combien profonde
était l'impression que l'abbé Soulas avait faite sur

le cœur de ce bon peuple, plus encore par ses vertus que par ses prédications.

Un tel apôtre était un vrai trésor pour le diocèse; c'est pourquoi il ne fut pas écouté lorsqu'il fit part à ses supérieurs du désir qu'il avait d'aller dans les Missions étrangères. On lui défendit de songer à une telle entreprise, en lui faisant comprendre que, sans se transporter dans la Chine ou dans l'Océanie, il trouverait au sein même de la civilisation des sauvages non moins dignes de sa charité que ceux d'outre-mer. Homme d'obéissance avant tout, l'abbé Soulas regarda cette décision comme la volonté de Dieu, et se livra avec plus d'ardeur encore que par le passé aux travaux apostoliques dans son diocèse.

Mais qu'il est à craindre que les santés les plus florissantes, quand elles rencontrent une âme de feu, ne succombent sous le poids des travaux! Si quelqu'un devait être à l'abri de ce danger, c'était bien certes l'abbé Soulas, qui, comme nous l'avons déjà dit, avait reçu de la nature tout ce qu'on peut désirer sous ce rapport. S'il eût été plus prudent, il aurait pu exercer son ministère d'apôtre jusqu'à la vieillesse la plus avancée; nous entendrions encore sa voix au milieu de nous, malgré les fatigues de l'apostolat, si propres par elles-mêmes à user les tempéraments les plus inébranlables. Mais, livré à lui-même, il ne consulta jamais la voix de la nature quand elle demandait du repos et des soins ; c'est ainsi qu'il lui arrivait de prêcher cinq ou six missions sans s'arrêter un seul instant ; et quand les lois de la pénitence le surprenaient au milieu de ses prédications, soit pendant le Carême, soit pendant le reste de l'année, il les embrassait dans toute leur sévérité, sans tenir compte ni de la privation du sommeil ni des sueurs abondantes et des fatigues sans nombre auxquelles il devait se soumettre pour bien remplir son ministère. Quelquefois même il ajoutait aux prescriptions de l'Église des mortifications particulières, et plus d'une fois on l'a surpris, au moment où il s'y attendait le moins, se donnant la discipline et prenant les courts instants qu'il accordait au sommeil sur des planches ou sur un siége incommode, afin d'être plus vite au travail quand l'heure du réveil était arrivée.

Le plus souvent son lit n'était qu'une dure paillasse piquée à la manière des matelas ; c'est sur ce dur grabat qu'il se délassait de ses fatigues, et ce n'est que bien tard qu'il consentit à accepter une couche plus commode, lorsque sa santé, complétement délabrée, réclama impérieusement la cessation de ses mortifications volontaires.

Cependant les excès de fatigue ne devaient pas arrêter tout à coup cet athlète qui s'élançait en bondissant dans l'arène pour conquérir les âmes rachetées par le sang de Jésus-Christ ; il devait travailler quelques années de plus à la gloire de Dieu, et quand il sera forcé de s'arrêter, c'est alors que nous le verrons donner des coups plus terribles encore à l'ennemi de tout bien, semblable à un bon général qui bat en retraite lorsqu'il voit que la position n'est plus tenable, en cueillant à chaque pas de nouvelles victoires, et qui, avant de remettre l'épée dans le fourreau, aura planté le drapeau de sa patrie sur les ruines amoncelées des ennemis taillés en pièces. Ainsi, notre missionnaire ne se retirera du champ de bataille qu'en bon ordre, et s'il est obligé de plier sa tente d'apôtre, il humiliera dans sa retraite le prince du monde, en faisant éclater autour de lui, à l'honneur de la religion, des merveilles plus étonnantes encore que celles de son apostolat.

Dans l'espace de dix années, l'abbé Soulas prêcha cinquante missions ou retraites, et l'on peut dire, malheureusement pour sa santé, qu'il ne mettait entre elles que quelques rares intervalles de repos. C'est en 1844 que son zèle se manifesta sous une nouvelle forme. Depuis cette époque, on le voit moins se consacrer à l'exercice de la prédication jusqu'à la fin de sa vie. Les treize années qu'il lui restait à passer au milieu de nous, furent des années de création et comme la dernière période bien marquée d'une existence toute de dévouement.

IV.

Il fallait à la charité de cette âme apostolique quelque chose de plus que des misères spirituelles à soulager. Dieu l'avait doué d'une sensibilité de foi telle, que son cœur s'inclinait naturellement vers le pauvre comme vers les véritables amis de Jésus-Christ. Nous avons vu de quelle manière il comprenait l'aumône dès ses plus tendres années ; cette disposition ne fit que s'accroître en lui, à mesure qu'il faisait des progrès dans les vertus sacerdotales. Il aimait tellement le pauvre, que toutes les fois qu'il pouvait le ramener à son sujet dans un sermon, on était sûr de le voir se surpasser, tant étaient éloquents les élans et les transports qui sortaient de son cœur embrasé. Il lui suffisait de prononcer le nom de pauvre pour verser d'abondantes larmes, plus éloquentes dans un auditoire que tous les arguments les mieux aiguisés. Mais ce n'était pas seulement avec des mots et des larmes qu'il aimait et qu'il faisait aimer les pauvres ; il payait de sa bourse, qu'il épuisait sans cesse et qui ne tarissait jamais, soit

à cause des nombreuses privations qu'il s'imposait
dans son ménage, soit à cause des dons qu'il commençait à recueillir abondamment pour prix de
la confiance qu'il inspirait par son zèle et par sa
simplicité. Depuis son entrée dans le ministère
des missions, il n'eut pour tout traitement que
les honoraires modestes de ses carêmes et de ses
messes, et c'est dans ces faibles ressources qu'il
savait trouver des trésors pour les pauvres. Mais
à quel prix? Tant qu'il jouit de son excellente
santé, sa table fut si frugale que nous ne saurions
mieux la comparer qu'à celle des Trappistes : du
pain et des pommes de terre étaient presque son
seul aliment. Si quelquefois ceux qui furent chargés de prendre soin de son ménage essayaient de
lui présenter une nourriture plus succulente, il
plaidait chaleureusement la cause des pauvres
en défendant, sous les peines les plus sévères,
d'ajouter le moindre adoucissement au régime
qu'il s'était tracé. Quant à son vestiaire et à son
mobilier, il était plus simple encore : un lit, six
chaises, une table d'étude et une commode, dans
laquelle une douzaine de mouchoirs, deux ou trois
paires de bas et cinq à six chemises se trouvaient
bien à l'aise ; quelques ouvrages presque tous in-
complets à sa bibliothèque, un crucifix et deux
modestes gravures, voilà tout l'ameublement de

sa chambre, et jamais il n'a voulu consentir à la rendre plus splendide.

Un prêtre lui disait un jour : « Vous pourriez bien suspendre quelques tableaux sur ces murs, qui sont trop nus. La dépense serait bien minime. — Non, mon cher, répondit-il; pas aussi minime que vous le pensez. Avec l'argent que j'emploierais à cette restauration, je puis acheter quelques sacs de blé pour mes orphelins. Or, j'aime mieux embellir les estomacs de ces pauvres enfants que les murs de ma vieille chambre. » Il ne s'occupait pas plus à décorer sa personne que son appartement. Quiconque l'a vu avec sa soutane râpée, son chapeau englouti et ses gros souliers, qu'il usait toujours jusqu'à extinction avant de leur donner des successeurs, est forcé d'avouer que personne n'a poussé plus loin que lui la simplicité de la toilette. Toujours occupé des autres, il s'oubliait à tel point, que, sans la vigilance de ceux qui l'entouraient, il n'aurait jamais compris la nécessité de se donner des vêtements nouveaux pour remplacer ceux qu'il était temps d'envoyer aux vieilles hardes.

Voilà l'homme qui va devenir un fondateur et prendre sous sa protection ce qu'il y a de plus abandonné et de plus intéressant dans le Christianisme : l'orphelin, le malade et le pauvre. Il était prêt pour ses œuvres si providentielles ; le Ciel va lui donner le signal et lui dire : Cherche donc mes brebis qui périssent dans Israël.

Sa première pensée de miséricorde fut pour les pauvres domestiques, dont il s'occupait avec le plus grand soin depuis qu'il était missionnaire. La congrégation de ces filles de travail, fondée pendant la mission de 1821 dans la ville de Montpellier, avait été confiée à son zèle dès son entrée dans l'œuvre des missions. Tout le monde connaît les dangers qui entourent ces jeunes personnes dans l'exercice de leurs devoirs tout de dévouement ; le plus souvent placées chez des maîtres sans religion et sans charité, elles risquent de sacrifier leur honneur et leur vertu entre les mains de mercenaires qui, abusant de l'influence de leur position, mettent à un prix trop élevé le droit de se faire servir. Ce fut donc une heureuse pensée que celle de réunir de temps en temps en famille ces pauvres filles, forcées par la misère de s'expatrier et d'abandonner leur véritable famille, qui, par devoir, abritait leur innocence, pour s'aventurer au milieu des occasions de nos grandes cités. Aussi l'abbé Soulas se livra-t-il corps et âme à la culture de sa chère congrégation. Tantôt dans une chapelle, tantôt dans une autre, il renouvelait dans les devoirs de leur état et dans ceux de la piété ces cœurs si intéressants. Il leur prêchait une fois et souvent plusieurs fois l'année des retraites de quatre ou cinq jours, qu'il faisait suivre d'une communion générale. C'est là qu'il leur montrait les piéges tendus à leur honneur, les consolations qui devaient les soutenir au milieu des dégoûts et des amertumes dont leur état est un interminable tissu.

Mais ce dont l'abbé Soulas ne se doutait pas encore, c'est que cette petite société allait devenir le berceau de toutes ses autres œuvres, et qu'elle renfermait le germe des pieuses fondations dont il allait être le père.

D'abord, en étudiant de plus près les périls qui entouraient ces filles dans le monde, il se convainquit qu'elles étaient bien exposées quand elles arrivaient, simples et naïves, pour la première fois de leur village, et qu'elles ne tardaient pas à se débattre avec la misère quand elles tombaient malades dans l'exercice de leurs fonctions, si leurs maîtres n'étaient pas animés pour elles de sentiments charitables. Pour remédier à ce mal, il conçut le projet de prélever sur chacune d'elles un petit impôt annuel pour la création d'un asile destiné à recevoir les nouvelles venues jusqu'à ce qu'on pût les placer d'une manière convenable, et à recueillir celles qui seraient obligées de suspendre leur travail pour rétablir leur santé. La présidente de cette congrégation, Mlle C., fille d'un désintéressement peu ordinaire, seconda les efforts de l'abbé Soulas, et la petite œuvre fonctionna aussitôt et atteignit le but proposé. Indépendamment des secours pécuniaires prélevés sur la caisse commune, les domestiques malades, dans leur modeste maison de retraite, étaient assurées de trouver des compagnes dévouées qui les gardaient, les veillaient, les soignaient, comme elles auraient pu l'être au sein de leurs familles par leurs sœurs ou par leurs mères. C'était une bien belle pensée, dont la réalisation devait être encouragée par les personnes charitables de notre ville. En effet, à peine fut-elle connue que déjà les offrandes abondèrent ; lits, armoires, linge, chaises, ustensiles de cuisine, tout ce qui est, en un mot, nécessaire au modeste ménage d'une maison fut trouvé comme par enchantement. Dans quelque temps, cet exemple eut des imitateurs, et à l'heure qu'il est, une seconde maison, dirigée par les Sœurs de Saint-Vincent de Paul et organisée comme la première, dans des proportions plus larges encore, offre les bienfaits de l'hospitalité à un grand nombre de domestiques sans place.

V.

La congrégation de filles ainsi dirigée fut pour l'abbé Soulas l'occasion de jeter les fondements d'une autre congrégation plus importante encore, celle des Sœurs Gardes-Malades, qui devint son œuvre par excellence. Frappé du dévouement de quelques servantes qui lui exprimaient le désir de se consacrer au service des pauvres et des malades, il trouva dans elles des marques visibles de vocation à l'exercice de la charité. Mais à qui les adresser? Les règlements de saint Vincent de Paul n'acceptent pour servantes des pauvres que celles qui n'ont pas été les servantes des riches ; il manquait donc une œuvre qui admît toutes les professions sur le seul certificat de la vertu et de la bonne réputation. L'abbé Soulas pria Dieu avec plus de ferveur que jamais ; il fit prier aussi celles qui lui avaient ouvert leurs cœurs, et enfin, après bien des réflexions, une voix plus forte que d'ordinaire lui cria au fond de son âme que ce qu'il projetait était la volonté du Seigneur, et qu'au lieu de s'y opposer, il devait, au contraire, le réaliser au plus tôt.

C'était en 1844, pendant une mission qu'il prêchait dans la paroisse de Grabels, aux environs de Montpellier : un soir, après son instruction, il est pressé par une force intérieure de suspendre pendant vingt-quatre heures ses travaux apostoliques pour aller épancher son cœur dans celui de son évêque et réclamer ses conseils. Monseigneur écoute attentivement les communications de l'abbé Soulas et, sans rejeter d'abord la demande qu'il lui fait de l'autoriser à commencer son œuvre, il l'engage beaucoup à réfléchir de nouveau, à prier davantage, l'assurant que Dieu ne tarderait pas à l'éclairer sur ce qu'il devait entreprendre. Cette réponse, marquée au coin de la prudence et de la sagesse, ne suffit pas pour tranquilliser l'abbé Soulas qui, plus que jamais, éprouvait le besoin d'aller en avant et de se confier à la Providence ; il revient quelque temps après trouver le premier pasteur, s'abandonnant à lui comme un enfant à son père ; il le conjure de l'approuver dans son dessein et de lui donner l'autorisation nécessaire pour ouvrir une communauté destinée à donner des soins aux malades à domicile. D'abord son intention n'était pas de faire des religieuses. Il avait pensé à une simple congrégation de filles gardes-malades, sans les soumettre aux trois vœux. Le prélat, avec cette facilité de conception qui le caractérise, tourne et retourne la pensée de l'abbé Soulas, lui montre les avantages de cette œuvre toute de miséricorde, soit pour les habitants de la ville de Montpellier, soit pour les étrangers qui viennent demander à notre climat et à notre célèbre Faculté le rétablissement de leur santé, ces derniers, loin de leurs pays et de leurs familles, étant encore plus exposés que les autres à mourir privés des secours de la religion. « Oui, lui disait-il, cette pensée vient de Dieu, il la fécondera. Faites. » Puis il lui donne pour conseil de faire des religieuses, qui, liées par les trois vœux, accompliraient leurs devoirs avec plus de dévouement et donneraient plus de consolations à l'Église de Dieu. Ces religieuses auraient nom de *Sœurs Gardes-Malades de Notre-Dame-Auxiliatrice*, comme celles qui étaient établies à Paris pour la même fin. « L'abbé Soulas, transporté de bonheur, se retire convaincu que c'était Dieu qui lui avait parlé par la bouche de son évêque; il revient au bout de trois jours lui soumettre le projet de la nouvelle congrégation et les moyens que lui ménageait la Providence pour le réaliser. Encouragé par la haute approbation de son évêque, il appelle aussitôt autour de lui quelques pieuses filles qu'il avait discernées dans ses missions et les réunit au nombre de sept, soit pour éprouver leur vocation, soit pour s'assurer de leur aptitude aux délicates fonctions qu'elles auraient à remplir (1). »

Pendant que ces choses se passaient, la Providence venait au devant de l'abbé Soulas, en lui envoyant une fille remarquable par sa piété, qui lui apportait, en outre de ses biens, un trésor précieux de dévouement et d'abnégation. Elle descendait des montagnes de Lunas pour s'enrôler définitivement dans la congrégation des Filles de Saint-Vincent de Paul, quoiqu'elle se sentît plus d'attrait pour un autre ordre religieux qu'elle ne trouvait que dans ses pensées. Accompagnée d'une de ses plus intimes amies, elle entre avec elle dans la chapelle de Saint-Charles au moment même où l'abbé Soulas allait célébrer le saint Sacrifice de la messe devant sa congrégation de domestiques, auxquelles il venait de faire son instruction. C'était le troisième jour de la retraite annuelle. Il faut dire que, depuis le commencement de ce pieux exercice, le missionnaire avait invité avec ardeur toutes ses filles à prier à son intention, et que lui-même ne cessait de s'adresser à la sainte Vierge depuis son entrevue avec Monseigneur, en la conjurant de demander à son

(1) Notice par M. Bouisset, vicaire-général.

cher Fils qu'il daignât lui envoyer une personne
selon son cœur, pour l'aider dans l'œuvre dont il
jetait les premières bases. La piété avec laquelle
le saint prêtre disait la messe, l'émotion peinte
sur tous ses traits, firent sur la demoiselle nou-
vellement arrivée l'impression la plus profonde.

Enfin, après son action de grâces, l'abbé Soulas
descend à son confessionnal, et l'autre amie, soit
pour se confesser, soit pour demander conseil,
va trouver l'homme de Dieu, et après une courte
conversation le prie d'entendre celle qui la suit.
Celle-ci, étonnée de la conduite de sa compagne,
qui agissait, dans cette circonstance, de son
propre mouvement, entre à son tour toute trou-
blée dans le confessionnal et, profitant de cette
occasion que le Ciel semblait lui envoyer, elle
s'explique sur sa vocation, déclare qu'elle va
entrer à l'Hôpital comme postulante des Sœurs de
Charité, mais qu'elle éprouve certaines répugnan-
ces à se décider, attendu qu'elle serait plus portée
pour un autre ordre voué au service des malades
si cet ordre existait déjà. L'abbé Soulas, ébloui,
demande un instant de réflexion, pendant lequel
il laisse échapper des paroles entrecoupées de
sanglots. « Que vous êtes bon, ô mon Dieu!
disait-il. Que vous êtes bon!..... Serait-il bien
vrai que vous m'auriez exaucé? Serait-il vrai que

vous m'enverriez la personne que je vous demande dans toutes mes prières? » Il fallait pourtant répondre à celle qui était à ses pieds et qui
ne comprenait rien à de tels transports. Alors il
lui raconte les commencements de sa nouvelle
famille de postulantes, du but qu'il se propose,
et lorsqu'il a terminé, la demoiselle, subitement
éclairée par cette manifestation, déclare qu'elle
abandonne toute idée préconçue pour s'attacher à
la communauté naissante, et le prie instamment
de vouloir bien l'admettre au nombre de ses postulantes. Mais l'abbé Soulas, toujours humble,
toujours défiant de lui-même, est comme pétrifié
et ne veut pas se charger tout seul de cette affaire.
Il prie un prêtre ami, dont l'œil est plus exercé
que le sien, de faire subir à sa postulante un
examen en règle sur sa vocation, duquel il résulte
que le nouveau sujet lui est envoyé pour le se-
conder dans les projets qu'il médite depuis si
longtemps devant le Seigneur.

Pendant ce temps, sur les conseils de son
évêque, l'abbé Soulas avait mis trois sœurs d'une
autre congrégation à la tête de ses filles pour
les former à la vie religieuse; mais craignant de
faire deux communautés dans une, ce qui l'aurait
éloigné de son but, il va exposer les difficultés
à Mgr Thibault, dont il avait été si bien accueilli

dans ses premières confidences, et il fut décidé
que les trois sœurs se retireraient, et que l'œuvre
naissante s'administrerait elle-même par son fondateur et par une supérieure générale choisie sur
toutes les autres. Le 1er juillet 1845, Mgr l'Évêque donna, dans la chapelle de Saint-Charles,
l'habit religieux à six de ces filles, et il érigea
canoniquement dans son diocèse, sous le patronage de Notre-Dame-Auxiliatrice, la congrégation
des Sœurs Gardes-Malades (1). « Mais quelle est
celle de vos sœurs que vous mettrez à la tête des
autres, demande le prélat? » L'abbé Soulas lui
raconte l'acquisition qu'il vient de faire d'une nouvelle postulante, fait connaître les qualités de son
caractère, son excellente piété et la droiture de
son intelligence ; mais il ajoute qu'elle est trop
modeste pour consentir à être supérieure de son
ordre. « Eh bien ! lui dit l'évêque, voilà celle
qu'il vous faut ; vous ne pouvez faire un meilleur
choix. » Un instant après, prosternée aux pieds de
son premier supérieur, Mlle Virginie Montagnol-
de-Cazillac était définitivement élue supérieure
générale des Sœurs Gardes-Malades, et le 15 août,
jour de l'Assomption de la sainte Vierge, en se
dépouillant des habits du monde pour revêtir ceux

(1) Notice par M. Bouisset, vicaire-général.

de la religion, elle recevait le nom de *Marie de Jésus* à la place de celui qu'elle avait porté jusqu'alors dans le siècle.

L'abbé Soulas ne tarda pas à se convaincre de l'excellence du choix qu'il venait de faire. La douceur, le dévouement et la prudence de celle qu'il associait à son œuvre gagnèrent tellement sa confiance que, regardant sa supérieure comme un autre lui-même, il la consultait en tout et se déchargeait sur elle de tous les détails de l'administration ; tandis que les autres sœurs, heureuses sous la direction de leur nouvelle mère, l'entouraient d'une affection et d'un respect sans bornes.

On ne tarda pas à apprécier dans la ville les services rendus par les Gardes-Malades ; on les réclamait partout. Sans doute, comme toutes les œuvres de Dieu à leur naissance, celle-ci eut bien ses détracteurs et ses mécontents ; mais ce ne fut pas de longue durée, et il fallut bien reconnaître que les filles de Notre-Dame-Auxiliatrice étaient dignes de l'estime générale, et que les familles, aussi bien que leurs malades au chevet desquels venaient s'asseoir ces anges de consolation, n'avaient plus affaire à des mercenaires, et qu'elles pouvaient se livrer aveuglément à la garde de ces héroïnes de la charité. Pour les former à l'exercice de leurs fonctions, quelquefois si difficiles, l'abbé

Soulas les fit élever par un habile praticien de cette ville, aussi remarquable par ses vertus que par ses talents, et qui devait avoir pour les œuvres du saint prêtre un dévouement et une générosité au-dessus de tout éloge. Tout le monde sait avec quelle précision les ordonnances des médecins sont exécutées par ces aides providentiels, qui n'agissent que par devoir dans tout ce qu'elles font, qui sacrifient leur santé, leur repos, leur existence tout entière à l'accomplissement de la volonté de Dieu. Pour elles, le malade n'est pas un homme, il est un autre Jésus-Christ ; car elles savent que tout ce qu'elles font au dernier de leurs frères, c'est comme si elles le faisaient à lui-même. Tout le monde sait aussi quelle est leur prudence, leur modestie, leur frugalité, dans les maisons qui les admettent. Nous n'insisterons pas sur ces détails que personne n'ignore.

Mais ce que nous devons signaler, c'est la manière dont l'abbé Soulas dirigea ses filles pour leur conserver l'humilité et l'abnégation, seules capables d'entretenir l'esprit de dévouement et de sacrifice à la hauteur de la perfection évangélique. Sa devise peut se résumer en ces trois mots : Tout pour Dieu, tout pour les pauvres, rien pour soi. Sur ces principes, il établit que les Sœurs Gardes-Malades ne se feront jamais remplacer dans l'exercice de leurs fonctions par des personnes étrangères à la communauté, et afin que plus tard le relâchement ne vienne pas ruiner ce qu'il avait si bien commencé, il fixe l'emploi des ressources que l'œuvre pourra acquérir par ses nombreux travaux ou par les aumônes des âmes charitables. Qui ne sait combien les richesses sont funestes aux maisons religieuses? L'abbé Soulas nous disait un jour : « J'ai écarté cet écueil de ma congrégation. Mes sœurs ne seront jamais dans l'aisance ; car leurs rentes appartiennent de droit aux orphelins et aux pauvres. Plus elles auront et plus aussi elles donneront. Je les oblige à se priver, à économiser, non pour elles, mais pour les œuvres de charité que j'ai mises sur leurs bras. Si elles étaient riches, elles se donneraient des converses pour veiller les malades, tandis qu'elles se prélasseraient dans leur couvent comme de grandes dames ; elles n'en auront jamais la fantaisie avec les constitutions que je leur ai trouvées ; elles se contenteront du strict nécessaire. » Eh bien ! hâtons-nous de le dire, ses filles ont su prendre à la lettre les paroles du fondateur ; car, dans les temps ordinaires, elles se sont si bien réglées sous le rapport de la nourriture, qu'elles ne dépensent pas l'une dans l'autre, pour leur entretien personnel, la somme de 40 centimes par jour. Du reste, l'abbé Soulas donnait le premier l'exemple de ces privations volontaires. Un jour qu'on lui demandait comment il s'y prenait pour faire tant de bonnes œuvres : « En mangeant beaucoup de pommes de terre, répondit-il avec sa brusque franchise (1). »

Voilà le secret de tout le bien que l'abbé Soulas opérait par ses Gardes-Malades. Ces économies si chrétiennement entendues, jointes aux abondantes aumônes que ces bonnes filles recevaient quelquefois à la suite de leurs soins prolongés chez les riches, allaient devenir entre les mains de l'homme de Dieu un secours puissant contre les misères de l'humanité souffrante. On a osé dire, dans le principe, que les sœurs refusaient d'assister les malades pauvres. C'est une calomnie ; elles ont toujours été indistinctement chez le pauvre comme chez le riche. Quelquefois, sans doute, il s'est rencontré que la maison n'a pu satisfaire à toutes les demandes, quand il ne restait dans celle-ci que la portière et la supérieure ; mais ce cas s'est aussi souvent reproduit à l'égard de celui qui possédait que de celui qui n'avait rien.

Nous ne pouvons résister ici au besoin de

_____

(1). Notice par M. Emmanuel d'Alzon.

transcrire les sages conseils que donne le saint
fondateur à celles qu'il formait ainsi à la pauvreté
et à l'abnégation, dans l'intérêt des orphelins et
des malheureux dont elles allaient devenir, sous
sa direction éclairée, les protectrices et les mères.
L'extrait que nous mettons sous les yeux du lecteur, est comme le résumé de la doctrine que
l'abbé Soulas prêchait constamment à ses bonnes
filles. Lorsqu'il mit la dernière main à leurs
constitutions et à leurs règlements, il les fit
imprimer, afin que chaque sœur eût sous ses
yeux, pour les connaître et les méditer sans
cesse, les devoirs sacrés de la vie religieuse,
et c'est à la suite de ce manuel qu'il inséra les
volontés et les intentions formelles qui doivent
rester sacrées pour les Sœurs de Notre-Dame-
Auxiliatrice. Ces quelques lignes, d'une éloquence
si apostolique, sont trop belles pour en retrancher
une seule. On verra comme l'âme de ce prêtre
charitable s'y révèle tout entière. Son langage
n'est autre que celui d'un saint qui a la passion
de Dieu. Il est digne des plus belles pages que
nous lisons dans les auteurs de la vie spirituelle.

Dieu, qui est bon et infiniment miséricordieux, a voulu
par un prêtre vous réunir en communauté et vous offrir
la plus sainte des vocations, que vous avez acceptée avec
bonheur et avec la plus vive reconnaissance. Les secours,

les conseils, la direction que vous avez reçus, sont pour vous un trésor que vous devez conserver et qu'il faut laisser aux sœurs qui viendront après vous.

Dieu bénit et fait prospérer toute congrégation qui ne s'éloigne jamais de son esprit primitif, qui observe scrupuleusement ses règles et conserve dans toute leur vigueur et dans toute leur force ses constitutions. Aussi j'ai la ferme confiance que les Sœurs de Notre-Dame-Auxiliatrice respecteront et mettront en pratique tous les jours de leur vie les conseils et les prescriptions de leur fondateur. Aimez le travail, restez toujours les servantes de Jésus-Christ auprès des malades riches ou pauvres; ne confiez jamais cette belle mission à d'autres; c'est là le but de votre vocation. N'oubliez pas que vous êtes établies les servantes des malades; il faut donc donner à Jésus-Christ, dans vos malades, non-seulement des conseils, des prières, mais des sueurs, des fatigues, des veilles, des soins assidus et intelligents. Dès le moment que vous cesseriez, je ne sais sous quel prétexte, d'être continuellement au chevet du malade, de remuer son lit, de lui administrer des remèdes, de panser ses plaies, vous manqueriez à votre vocation, et vous ne mériteriez pas de porter le doux nom de sœur de Notre-Dame-Auxiliatrice. Sachez-le bien : vous n'avez pas été fondées pour être des visiteuses des malades, mais des infirmières.

Si jamais l'orgueil, inspiré par la paresse et un trop grand amour de soi-même, trouvait la condition d'infirmière trop basse et trop humiliante, appelez la foi. Elle qui grandit et ennoblit tout, vous fera trouver plus de bonheur et de gloire dans le service du malade le plus pauvre et le plus rebutant que dans les actions les plus glorieuses et les plus éclatantes selon le monde. Restez donc fidèles à votre vocation. S'il arrivait, à Dieu ne plaise! que le découragement vous prît et que l'énergie dans le travail menaçât de vous quitter, voyez parmi vos compagnes les plus ferventes; regardez votre saint habit, la croix que vous portez sur la poitrine, et dites-vous : Le combat n'est pas fini, la victoire n'est pas gagnée; il reste encore des malades à servir, des dégoûts, des souffrances, des fatigues à supporter, des malheureux à consoler, des enfants à soigner, et, appelant les consolations de la foi, retrempez ainsi votre courage et marchez avec fermeté dans la voie qui vous est ouverte.

N'aimez pas à vous produire; la mission la plus obscure doit être celle du cœur. Loin de vous le désir de paraître; peu vous importe le riche ou le pauvre, le grand ou le petit; Jésus-Christ est partout le même, partout il bénit et il récompense ses serviteurs humbles et fidèles. Cachez-vous, ne désirez point et surtout ne demandez jamais les emplois, les fonctions qui donnent de l'éclat.

Dieu résiste aux superbes, et donne sa grâce aux humbles. Mettez-vous peu en peine du jugement des hommes; efforcez-vous tous les jours de la vie à devenir indifférentes au blâme comme à l'éloge, à la censure comme à la flatterie; c'est le moyen d'avoir et de conserver la paix de l'âme. Placez-vous partout et en tout, comme individu et comme corps, les dernières de tous. Seulement rivalisez de zèle et de dévouement, et, par une sainte émulation, ne soyez jamais en arrière lorsqu'il s'agit de sacrifices et d'immolation.

Soyez humbles dans le cœur; pauvres, modestes dans vos habits, dans toute votre conduite. Aimez le pauvre, identifiez-vous avec ses besoins, avec ses souffrances. Je ne vois rien au monde que deux choses pour la sœur de Notre-Dame-Auxiliatrice, Jésus-Christ et le pauvre. Elle va sans doute servir, soigner le riche; mais elle doit partager le salaire de sa charité et de son dévouement avec le pauvre. Ah! la belle maxime que voici! conservez-la, mettez-la en pratique; elle vous ouvrira le cœur de Jésus-Christ dans cette vie, et vous donnera sa gloire dans l'autre : Rien pour soi, tout pour les pauvres.

Pour soi, des privations, du travail, des veilles, des sueurs, des fatigues; pour le pauvre, des consolations, des soulagements. Travailler, fatiguer, user sa santé, et l'obole qui en revient la faire servir au pauvre, à la moralisation des uns, aux soins et au soulagement des autres; c'est là, à mon avis, le sublime de la charité catholique. Faites ainsi, donnez ce spectacle au monde, et lorsqu'il verra la pauvreté la plus absolue dans vos personnes et dans toute votre manière de vivre, et les pauvres nombreux secourus, assistés par vos économies, il sera édifié et viendra joindre ses charités aux vôtres. Il accomplira vis-à-vis de vous la promesse que fait Jésus-Christ dans l'Évangile : *Donnez et il vous sera donné. Date et dabitur vobis.*

Vous êtes pauvres, restez pauvres. A mesure que vous recevrez, donnez, soulagez : c'est-là tout l'esprit de vos constitutions. Cherchez le pauvre partout où il est. Je l'espère, vos ressources ne seront jamais au niveau de votre amour pour les pauvres. Aidez-vous des âmes charitables. Lorsque tout ce qu'on possède est le patrimoine des pauvres, et qu'on a juré à Dieu la pauvreté, l'abnégation pour sa vie tout entière, on ne doit pas craindre de demander et de recevoir.

En retour des aumônes reçues, faites-vous un devoir de prier tous les jours pour les bienfaiteurs de vos œuvres. La Colonie, le Bon-Secours, la Crèche, les Mendiants, l'Adoration perpétuelle du Très-Saint-Sacrement, doivent être vos œuvres de prédilection. Il n'est pas de sacrifice qu'il ne faille faire pour les soutenir et les faire prospérer. Suivez ces conseils, soyez fidèles à ces prescriptions, remplissez ces volontés, et la prospérité est assurée à la congrégation, les bénédictions du Ciel la suivront d'âge en âge, et elle fera un grand bien dans l'Église de Dieu. La congrégation a dix ans d'existence; toutes vous pouvez être regardées comme fondatrices, en quelque sorte; vous êtes et vous serez toujours regardées comme les aînées, soyez donc les plus fidèles.

Laissez derrière vous des traditions de zèle, de dévouement et de charité; tenez à vos règles, à vos constitutions, plus qu'à la vie. Le voile que vous portez sur la tête, la croix que vous portez sur la poitrine, sont et doivent toujours être le prix de votre fidélité constante à suivre vos règles et à remplir scrupuleusement les volontés de ceux que Dieu vous a donnés pour fondateurs. Vous ne savez pas ce que Dieu vous réserve d'épreuves et de tribulations; l'ennemi ne dort jamais.

Voulez-vous sortir victorieuses et plus méritantes de toutes les épreuves et de tous les dangers? Ne permettez jamais, sous quelque prétexte que ce soit, qu'on touche à vos constitutions. Unissez-vous, l'union fait la force. Rien au monde ne doit vous séparer et rompre vos rangs. Partout il y a des défections, il y a de faux frères. Armez-vous toujours d'un saint courage, en tout voyez le but et la fin. Vous êtes entrées en communauté pour vous sanctifier, en vous dévouant, en vous immolant. Jésus, que vous avez choisi pour époux, vous contemple; il a du haut du ciel les yeux sur vous; trouvez-le partout, demandez-lui sa grâce, et il vous assistera, vous bénira, vous récompensera. Soyez fières d'être les filles de Marie, que vous avez choisie pour mère et pour patronne; faites-la la confidente de vos peines, de vos tribulations et de vos combats; aimez-la, priez-la et invoquez-la souvent; elle vous rendra par son intercession fidèles dans l'accomplissement de vos vœux. Elle vous ouvrira les portes du ciel, notre patrie commune, où nous irons tous ensemble jouir de la gloire réservée à la persévérance dans notre sainte vocation. Ainsi soit-il.

3*

VI.

Cependant la petite maison des sœurs, située
dans la rue Saint-Charles, commençait à devenir
trop étroite pour recevoir les nouvelles postulantes qui arrivaient en foule ; elles durent l'abandonner. Mgr l'Évêque mit à leur disposition,
moyennant un loyer annuel qu'elles payèrent à
l'œuvre des Missionnaires, la maison de Saint-
Charles, devenue trop spacieuse pour ces derniers, réduits au nombre de deux ; ils se logèrent
dans l'ancien local des sœurs, jusqu'à ce que,
l'abbé Soulas restant seul pour le ministère des
missions, cette dernière maison reçût une nouvelle destination par la création d'une crèche sous
le patronage des dames de la ville. Cette œuvre
de la Crèche fut fondée pour servir d'asile aux
petits enfants des familles pauvres, alors que leurs
mères vaquent aux soins du ménage ou au travail
qui doit ajouter quelques oboles aux modiques
ressources, hélas ! trop souvent insuffisantes pour
les besoins si nombreux de leur famille. Cette ins-
titution précieuse pour les pauvres ouvriers, qui

entoure d'une sollicitude vraiment maternelle une soixantaine de leurs plus jeunes enfants, s'ouvrit le 21 septembre 1846, sous l'invocation de *Notre-Dame* (1).

Pour réussir dans l'exécution de ce projet, l'abbé Soulas fit appel à la charité de plusieurs dames de la ville, recommandables par leur nom et surtout par leur foi généreuse. Sa voix fut vite entendue. Chaque patronnesse fit don d'un joli berceau et de tous ses accessoires, pour que les enfants pussent s'y livrer commodément au sommeil à certaines heures du jour. Une grande galerie vitrée, meublée dans toute sa longueur de petites stales et ornée d'un petit autel surmonté de la blanche statue de la Vierge, avec une cour spacieuse, complétèrent cet asile de l'innocence, où les sœurs de la maison remplissaient par charité, à l'égard de leurs petits adoptés, les devoirs que leurs mères doivent accomplir par les seules lois de la nature. En entrant dans ce petit sanctuaire, on éprouve un sentiment de paix et l'on s'empresse de bénir une religion qui sait inspirer de telles pensées et qui donne la puissance de les rendre fécondes.

En attendant, la communauté des Sœurs Gar-

(1) Notice par M. Bouisset, vicaire-général.

des-Malades faisait de rapides progrès ; cet ordre, déjà apprécié comme il le méritait dans la ville de Montpellier, était connu bien avantageusement dans toutes les parties du diocèse. Pézenas fit des démarches auprès du fondateur pour attirer dans ses murs ces compagnes dévouées du malheur et de la souffrance. Indépendamment des soins qu'elles devaient donner aux malades de cette ville, on se proposait de les mettre à la tête d'une crèche et du bureau de bienfaisance. Attiré par les promesses qui lui furent faites, l'abbé Soulas envoya trois de ses filles, accompagnées de leur mère fondatrice ; elles partirent avec bonheur, n'emportant avec elles que leur bonne volonté et leur désir de bien faire. Mais quel ne fut pas leur étonnement, quand, une fois rendues à leur poste, elles se virent dans la nécessité de se créer une position? Rien n'avait été prévu, tout était à faire. Cependant elles ne se déconcertèrent pas. Habituées à consulter leur père fondateur avant de faire la moindre démarche, elles lui écrivirent pour lui rendre compte de leur état, et elles reçurent l'ordre de se livrer à la Providence, de fonder leur succursale et de se mettre à l'œuvre tout de suite ; c'était le parti le plus sûr. En effet, une semaine ne s'était pas écoulée que déjà les sœurs avaient conquis la confiance universelle ;

la crèche s'ouvrit et reçut trente petits enfants et quelques berceaux ; un administrateur charitable, M. de Juvénel, se chargea de l'ameublement des sœurs et les prit sous sa protection en acceptant le titre de père temporel. Dieu bénissait l'œuvre naissante, et l'abbé Soulas dut lever vers le Ciel des yeux mouillés de larmes, dont son cœur reconnaissant était une source abondante.

On va en juger par la réponse qu'il envoya à la supérieure générale, à l'occasion de tout ce qu'elle lui avait raconté dans une de ses lettres :

MA CHÈRE FILLE,

J'ai reçu votre lettre, et en la lisant mon cœur bénissait le bon, l'adorable Maître des faveurs qu'il nous accorde, puisqu'il veut se servir de nous pour faire quelque bien. O ma fille ! soyons reconnaissants. Jésus n'aime pas les ingrats ; témoignons-lui toujours notre vive gratitude. Mais comment ? En l'aimant beaucoup, en l'aimant toujours davantage. Oh ! qu'il est bon ! Il pense à nous, il s'occupe de nous. Qu'avons-nous fait pour mériter cette faveur signalée ? Rien, rien ; encore une fois, rien.

Plaçons nos deux cœurs et les cœurs de nos filles dans les cœurs de Jésus. Là, restons unis. Travaillons avec zèle et ardeur aux œuvres de sa gloire ; ne cherchons que lui seul ; aimons-le en nous haïssant, et vivons pour lui en mourant à nous-mêmes. Ah ! si vous saviez combien Jésus se plaît dans les cœurs simples, dans les âmes qui se méprisent elles-mêmes, qui, dans leurs actions, ne cherchent que les regards de ce bon Maître et jamais l'estime des créatures! Vous surtout, ma chère fille, moi encore plus, marchons, suivons avec courage et persévérance Jésus dans la voie de l'humilité, de l'abnégation, du renoncement absolu. N'en doutez pas, ma fille, Jésus sera avec nous, dans nous, et alors qu'aurons-nous jamais à craindre et à redouter? Tout donc pour le bon Maître, tout pour lui, uniquement pour lui seul. Il sera, n'est-ce pas? lui seul, l'objet, le but de nos pensées, de notre amour, de toutes nos entreprises. Vous me le promettez? je vous le promets. Je l'ai faite pour vous et pour moi, cette promesse, au saint autel, en offrant le saint sacrifice, là où le prêtre qui aime se trouve si bien, là où il voudrait rester toujours, s'unissant à Jésus, s'immolant avec Jésus. Soyons ainsi, prenons cet esprit de Jésus et communiquons-le à nos filles. Pardon, je m'arrête, mon cœur ne finirait jamais en vous parlant de celui qu'il veut aimer beaucoup. Arrivez au plus tôt et laissez le feu de l'amour divin dans les cœurs des filles de Pézenas.

Priez pour moi qui prie tant pour vous.

Votre père dévoué en Jésus-Christ,

SOULAS, prêtre.

Voilà le cœur de l'abbé Soulas. Quel brasier d'amour pour Dieu! Tout, jusqu'à ses répétitions, nous transporte dans cette lettre. C'est un débordement, c'est une extase. Il n'y avait que lui-même qui pût nous révéler la richesse de ses sentiments. C'est ainsi qu'il savait remercier son Dieu quand il en recevait des bienfaits.

Mais les succès presque miraculeux de la succursale de Pézenas devaient se reproduire dans la seconde ville du diocèse. Béziers voulut, comme sa voisine, des Sœurs Gardes-Malades. M. l'abbé Durand, archiprêtre, curé de Saint-Nazaire, en fit la demande à l'abbé Soulas vers le mois d'octobre 1848. Celui-ci, toujours prêt à travailler pour la gloire de la religion et le bonheur des peuples, envoya encore la mère générale avec une petite caravane de sœurs choisies. En les congédiant, il leur dit : « Allez où la Providence vous appelle, sans emporter un seul centime avec vous. Votre position doit être votre ouvrage. Avec la confiance en Dieu, vous saurez vous accréditer là comme ailleurs. Du courage ! »

Elles partirent donc ; mais à peine arrivées, elles se trouvèrent dans un dénûment complet. La première chose qu'elles firent fut de louer un petit appartement où elles s'installèrent comme elles purent. De la paille pour se reposer, une chandelle pour s'éclairer, voilà quel fut leur premier ameublement. Elles préférèrent vivre de privations chez elles que s'installer plus commodément dans les maisons particulières, où on les aurait reçues avec bonheur. Mais bientôt la Providence s'en mêla ; un accueil sympathique les dédommagea de leurs premiers sacrifices, et, comme à Pézenas, la maison de Notre-Dame-Auxiliatrice se remplit des dons apportés par les personnes charitables. Un peu plus tard, les ressources de la nouvelle communauté permirent d'acheter un établissement plus convenable.

L'abbé Soulas reçut bientôt de la supérieure les détails de tout ce que le Ciel faisait en faveur de la succursale de Béziers. Cette fois son humilité jette un cri d'alarme ; il est effrayé de tant de succès, et il ne manque pas de faire partager ce sentiment à sa pieuse collaboratrice. Nous citerons encore sa nouvelle réponse. Cette lettre, placée à côté de la précédente, nous révèle la marche que le saint homme suivait dans la direction de ses filles. Tantôt il cherchait à les soulever de la terre par l'ardeur de sa charité, et tantôt il les rappelait à leur esprit de pauvreté et d'humilité. Mais il vaut mieux le laisser parler lui-même :

MA CHÈRE FILLE,

Aujourd'hui mardi, second jour de mon arrivée à la campagne, je reçois votre aimable lettre qui m'annonce tant et tant de choses agréables et heureuses, ce semble. Je ne sais pourquoi, en lisant ces éloges reçus et donnés sur la chaire de vérité, j'ai éprouvé un serrement de cœur que je ne puis expliquer. Le diable ne voudrait-il pas nous enfler, nous tendre des piéges? Prenons garde à nous; les éloges ne nous conviennent pas, nous ne les méritons pas; ces éloges nous disent ce que nous devons être, et non ce que nous sommes en effet. Promettons peu et faisons

plus que nous ne promettons encore. Dieu nous bénit;
aimons-le davantage, soyons-lui plus fidèles; renonçons-
nous, mourons à nous-mêmes; restons dans sa crèche, aux
pieds de sa croix; comptons peu sur le monde : il est trom-
peur; il élève, il exalte aujourd'hui; il humilie, il méprise
demain. Du courage, ma chère fille! méfiez-vous de la
prospérité, de la bonne fortune; elles sont de plus terribles
ennemis que l'adversité et la pauvreté. Du courage donc!
il en faut pour ne pas perdre le recueillement et la présence
de Dieu au milieu du bruit; l'humilité religieuse au milieu
des éloges. Prêchez toujours nos bonnes filles; attachez-les,
liez-les, avant de partir, à la crèche et à la croix du bon
Jésus. Là elles s'aimeront et ne feront qu'un cœur et
qu'une âme. Soyez toutes sages et priez pour moi, vous
surtout qui m'occupez plus souvent, et dont je suis pour
la vie, avec le dévouement le plus absolu et le plus sincère,
le père en Dieu.

SOULAS, prêtre.

Cette lettre, qui respire tant d'humilité et de
défiance de soi-même, était datée de la colonie
agricole de Notre-Dame-des-Champs, qu'il venait
de fonder en faveur des orphelins au mois d'octobre 1848.

VII.

Son vœu le plus ardent depuis longues années était d'abriter sous son toit les jeunes victimes de la pauvreté et de l'abandon. Le premier besoin de son cœur était de faire du bien, et comme il aimait beaucoup son divin Maître, il aimait nécessairement ceux qu'il regardait comme ses meilleurs amis, c'est-à-dire les déshérités de la fortune. Du reste, les succès que ses sœurs obtenaient dans les villes où elles étaient établies, lui faisaient espérer que bientôt, par les sages économies de ces bonnes filles, il se verrait en possession de ressources suffisantes pour entreprendre la fondation d'un vaste orphelinat. Après avoir bien prié, bien examiné devant Dieu, il crut que le moment était venu de réaliser ce plan de miséricorde. A un kilomètre des Matelles, entre ce dernier village et Saint-Jean-de-Cuculles, se trouvait dans un site charmant une propriété entourée de garrigues et de bois. Ce lieu, pittoresque et solitaire, parut être un emplacement convenable à la réalisation de ses projets. Mais il fallait une somme considérable d'argent pour l'acquisition de ce domaine, et l'abbé Soulas, comme il nous l'a raconté lui-même, n'avait que 6 fr. dans son armoire, et Dieu sait combien cette somme lui était nécessaire pour son entretien et celui de sa domestique. N'importe, elle fut la première pierre de son édifice et le petit germe du grand arbre qui devait bientôt abriter sous ses rameaux protecteurs les petits oiseaux du ciel. La campagne fut donc achetée, et le 3 octobre l'abbé Soulas en prit possession avec son intéressante famille.

De bon matin, une petite caravane sortait de la ville sur la route de Ganges, et s'acheminait à petits pas vers la direction des Matelles ; elle se composait de six orphelins que l'Hôpital lui avait cédés, de trois Sœurs Gardes-Malades, de M. l'abbé Berthomieu et de l'abbé Soulas, tout radieux de bonheur, parce qu'il venait d'écrire sur son livre de recettes ces trois immenses ressources pour un cœur plein de foi : *Actif :* LA PROVIDENCE DE DIEU, — LA CHARITÉ — ET LE DÉVOUEMENT.

A peine arrivés, les membres de cette colonie naissante s'empressèrent d'ériger un autel dans un petit pavillon de trois mètres carrés, situé à l'extrémité du domaine, sur un tertre entouré d'arbres. L'homme de Dieu y offrit le saint Sacrifice pour ses nouveaux enfants. Sous cette tente du désert, au moment où la Victime sainte descendait du Ciel à la voix du prêtre, bien des larmes coulèrent de tous ces yeux innocents, et ces larmes de la charité et de la pauvreté réunies furent aussi fécondes que le sang des martyrs. Il était impossible à l'abbé Soulas, dans cette circonstance, de refouler ses sentiments au fond de son cœur; il leur donna un libre essor en s'épanchant dans l'âme des siens. Ce fut une explosion de reconnaissance et d'amour à l'égard de la divine Providence, une prière ardente pour attirer sur sa colonie de nouvelles bénédictions. Puis, comme si tout devait être digne de cette modeste cérémonie, on s'assit sur la pierre pour manger le premier morceau de pain reçu dès mains de la Providence. A ce spectacle touchant, digne d'attirer les regards des anges, le cœur de Dieu dut être bien réjoui. Qu'il nous soit permis d'ajouter qu'après le premier jour de son sacerdoce, celui-ci devait être pour l'abbé Soulas le plus beau jour de sa vie.

Mais comment se faire une idée des sacrifices sans nombre que s'imposèrent, dans le principe, l'abbé Soulas et ses sœurs pour l'entretien d'une œuvre encore inconnue et abandonnée exclusivement aux mains de la Providence? La colonie avait un si petit maisonnage, à cette époque, qu'on dut le transformer tout entier en dortoirs. Pendant six mois, le petit pavillon situé à l'extrémité de la grande allée servit de chapelle ; on y célébrait tous les dimanches le saint Sacrifice de la messe. Le réfectoire et la cuisine étaient en plein air, sous une tente destinée à protéger les enfants contre les ardeurs du soleil. Quant à la table, il n'y en eut jamais peut-être de plus frugale : de la soupe, des pommes de terre et du pain, voilà quel était l'ordinaire de tous les jours ; encore même y avait-il pour les sœurs une grande difficulté de se procurer les choses indispensables, vu l'éloignement de la ville et l'absence de tout moyen de transport. Le sel était souvent la seule provision du garde-manger, et jamais cette provision ne s'éleva au-dessus d'un demi-kilogramme. Quand venait l'heure des repas, les sœurs, avant de rompre leur morceau de pain dont elles savaient si cruellement le prix, examinaient si les enfants avaient eu leur nécessaire, et quand quelques-uns d'entre eux réclamaient un surcroît de nourriture, elles cédaient de bon cœur le peu qu'elles s'étaient réservé, aimant mieux vivre de privations que de faire murmurer contre la divine Providence.

Un soir que l'abbé Soulas arrivait à la colonie sans y être attendu, il trouva tout le monde endormi, excepté les sœurs qui travaillaient encore. Il n'avait rien mangé depuis le matin, et il avait marché pendant plusieurs heures à travers les bois et les champs par des sentiers raboteux. Les sœurs, prises au dépourvu, n'avaient pas un seul morceau de pain à lui offrir. Que faire? Il restait une ressource, celle d'aller mendier dans les villages voisins. Mais comment consentir à décrier une œuvre naissante aux yeux d'un monde qui n'apprécie jamais le sacrifice et l'immolation à leur juste valeur? Il fallait donc renoncer à toute nourriture, à moins de demander à la terre quelques-unes de ses productions que l'on foule aux pieds dans les jours d'abondance. Ce dernier sentiment prévalut; les sœurs se mirent aussitôt en campagne et cueillirent, non sans peine, une salade d'herbes plus ou moins sauvages qui, légèrement assaisonnée, fut le seul met destiné à apaiser la faim de l'abbé Soulas. Il le préféra à tous les festins les plus splendides, et il bénit cette sage Providence qui, selon l'Évangile, orne le lis des champs de magnifiques couleurs et qui ne laisse jamais périr le plus petit des oiseaux du ciel. Heureux les établissements qui sont fondés sur les privations et sur les sacrifices! Dieu se doit à lui-même de les bénir et de les conserver.

Un prospectus annonça bientôt au public étonné

l'existence et le but de la colonie agricole pour
les jeunes orphelins. C'est alors qu'arrivèrent les
messagers de la divine Providence. De toute part
pleuvaient d'abondantes aumônes, et dès ce jour
quelques familles, dont le nom suffit pour com-
mander le respect et la vénération, se vouèrent
avec zèle à cette sainte croisade de la charité, et
commencèrent une série de souscriptions, qui
jusqu'à ce jour ont été, après Dieu, le plus ferme
appui de l'établissement. Parmi tous ces bienfaiteurs, nous sommes heureux de mettre au premier rang M. l'abbé Berthomieu, prêtre dévoué,
homme de bonnes œuvres, entouré d'une confiance peu ordinaire et si justement méritée. Il
fut le conseil et l'ami intime de l'abbé Soulas et
comme sa seconde providence. Dans les moments
toujours difficiles d'une fondation importante,
qu'il est heureux de trouver de pareils auxiliaires !
Il consacra à l'orphelinat des Matelles, dans les
premiers temps surtout, les nombreux instants
que lui laissaient les devoirs de son ministère.
Il aida à l'organisation, à l'agrandissement de
l'œuvre avec un zèle qui ne se démentit jamais ;
et plusieurs fois, dans certains moments de dé-
tresse, il a généreusement ouvert sa bourse à son
ami pour le tirer d'embarras.

Cependant, malgré les sympathies que sa charité lui attirait de toute part, l'abbé Soulas était déjà trop admirable pour ne pas exciter des contradicteurs et des mécontents, des jaloux, qui souffrent de voir faire aux autres ce qu'ils n'ont le courage ni la volonté de faire eux-mêmes. Cette épreuve était nécessaire à l'homme de Dieu pour le tenir toujours en haleine et l'exciter à régler ses entreprises de manière à les rendre irréprochables. Quelle est l'œuvre de Dieu qu'on n'a pas attaquée? Quelles sont les intentions les plus pures qu'on n'a pas calomniées? Toujours l'innocence et la justice ont armé l'enfer contre elles, et Dieu le permet ainsi pour faire mieux ressortir le dévouement et les vertus de ses fidèles serviteurs.

Doué d'une sensibilité extrême et d'un caractère vif et impressionnable, l'abbé Soulas était souvent affecté de ces traitements injustes, surtout quand ils lui étaient infligés par ceux-là même qu'il avait regardés comme ses amis ; mais son esprit de foi le ramenait bientôt à l'exemple de Jésus-Christ qu'il aimait tant au fond de son cœur, et qui était toujours en lui le mobile de toutes ses pensées et de toutes ses œuvres. Alors il inclinait la tête et laissait passer l'orage sans se détourner un seul instant de la route qu'il avait choisie. Il répondait un jour à une personne affligée de tous les bruits plus ou moins ridicules que des malveillants répàndaient pour égarer l'opinion publique : « Ne vous inquiétez pas de ces aboyeurs ; je ne fais rien pour le monde ni pour moi. Dieu, pour qui seul je vis et je travaille, apaisera peu à peu ces petites tempêtes, et bientôt, je l'espère, la lumière sera faite. Si je n'avais pas quelques amertumes, il y aurait à craindre que mon œuvre ne vînt pas de Dieu. »

Après les jaloux arrivèrent les ingrats. Quelques parents ou amis d'orphelins, trompés par la mauvaise foi de certains esprits brouillons, se plaignaient hautement, sans le savoir, que les enfants manquaient de tout à la colonie ; qu'ils y maigrissaient à vue d'œil faute de nourriture. Souvent même ils venaient se lamenter chez l'abbé Soulas auquel ils les redemandaient. « Allez aux Matelles, leur disait-il ; je veux que vous jugiez vous-mêmes de l'état de vos enfants. S'ils sont tels que vous le dites, retirez-les ; car je ne consentirai jamais à être leur bourreau. » Puis, afin de comprimer les mouvements de colère qui remuaient ses entrailles, il disait à Dieu au fond de son cœur : « Mon Dieu ! vous voulez donc m'accorder tous les mérites, même celui de faire des ingrats ? Soyez toujours béni. »

Mais quel n'était pas l'étonnement de ces mur-

murateurs quand, arrivés à la colonie, ils voyaient des enfants frais et vermeils, propres et bien nourris! Alors ils venaient témoigner au pieux fondateur, avec le regret de lui avoir fait de la peine, leur admiration et leur reconnaissance, et ce n'était pas une mince consolation pour lui que ce témoignage spontané de témoins oculaires allant rétablir et défendre au milieu de la société sa réputation si injustement flétrie.

D'autres auraient voulu que l'abbé Soulas eût changé son plan de colonie agricole en une école d'arts et de métiers. Mais il ne voulut jamais consentir à cette métamorphose. « J'ai résolu, répondait-il, de former des hommes de labeur parmi les enfants les plus pauvres de la société. Je dois donc les former à la vie des champs, en faire d'honnêtes et d'excellents cultivateurs. De toutes les professions en rapport avec le rang qu'ils doivent occuper dans le monde, je n'en vois pas de plus propre à conserver leurs mœurs, leur simplicité, leur santé et leur goût pour le travail que celle de l'agriculture. Quiconque n'admet pas ce programme n'est pas fait pour ma colonie. » Fidèle à ce plan, il se contenta, quand tout fut en ordre, de mettre dans son éta-blissement des instituteurs, tantôt laïques et tantôt religieux, selon les circonstances, afin d'apprendre à ses enfants les éléments de lecture, d'écriture, de grammaire et d'arithmétique jusqu'à un degré peu brillant sans doute, mais toujours suffisant pour l'état qui devait leur donner du pain.

Les Sœurs Gardes-Malades furent comme les mères de ces jeunes orphelins; elles eurent la direction de la cuisine, de la lingerie et de l'infirmerie; sous leurs charitables soins, la maison s'embellit tous les jours davantage, et son état de prospérité fit taire peu à peu les mauvaises langues.

A cette époque, la colonie des Matelles donnait des soins et l'instruction agricole à trente orphelins. C'est alors que M. Balland, préfet de l'Hérault, vint la visiter avec M. Dugat, inspecteur-général des prisons. Ces deux magistrats furent tellement ravis de la bonne tenue des enfants, qu'ils donnèrent la pensée à l'abbé Soulas de construire un nouveau quartier pour les jeûnes pénitenciers à côté de celui qu'on venait d'achever pour les orphelins, et comme l'abbé manifestait quelque répugnance à accepter une telle proposition, ces Messieurs promirent de faire toutes les démarches nécessaires auprès du Gouvernement pour aplanir les difficultés. Ils insistèrent avec tant d'intérêt, prouvèrent avec tant d'à-propos l'utilité de l'influence de la religion pour le bien de ces jeunes indisciplinés, que le cœur de l'abbé Soulas s'ouvrit facilement à leurs excellentes raisons, et qu'il consentit à tout ce qui pourrait le rendre utile, dans cette circonstance, à la religion et à la patrie. Le Gouvernement donna, à titre d'essai, vingt-cinq jeunes détenus, qui furent pris dans la maison centrale de Nimes le 18 janvier 1854. Plus tard, sur l'ordre du Gouvernement, M. Berthomieu alla à Nimes pour en recevoir cinquante nouveaux et les conduire à la colonie, qui, par les soins de ce dernier, venait de recevoir un développement considérable. De grands dortoirs, de vastes magasins avaient été construits sur une longueur d'environ cent mètres, pour recevoir ce surcroît de population. Ce n'est pas tout, il fallait donner de l'ouvrage à cette foule de bras dont un grand nombre pouvait rivaliser de vigueur et d'énergie avec les plus exercés de nos cultivateurs des campagnes ; c'est pour cette raison que l'abbé Soulas recula les limites de la colonie, en achetant de nouveaux terrains à défricher. Grâce à l'organisation qui présida à toutes ces nouvelles entreprises et à l'intelligence des régisseurs chargés de l'exploitation, la colonie de Notre-Dame-des-Champs devint dans peu de jours une propriété modèle, qui se distingua sur ses voisinés par une riche et luxuriante végétation,

VIII.

Cependant l'abbé Soulas se privait de tout pour faire face aux premières dépenses. Tant qu'il n'eut pas payé sa colonie, les pommes de terre et les légumes furent sa seule nourriture ; il trouvait sans doute dans ses sœurs un dévouement digne du sien, et dans ses bienfaiteurs une charité intarissable ; mais comme tout est à faire à l'origine d'une fondation, il craignait toujours d'aller trop loin. L'exemple de tant d'hommes bien intentionnés qui, plus d'une fois, faute de discernement et de circonspection, ont compromis les œuvres les plus solides, était constamment sous ses yeux et troublait son sommeil. Cette crainte exagérée est facile à comprendre dans une conscience délicate et une imagination ardente ; mais elle fut pour lui le commencement de la sagesse en l'empêchant de s'aventurer dans des entreprises au-dessus de ses forces. Il compta toujours et exclusivement sur la Providence, il ne la tenta jamais. Recevant un jour la visite d'un prêtre étranger, qui s'occupait sur une grande échelle d'un établissement d'orphelins, la

conversation, comme on le pense, roula sur le bien
que la société et la religion pouvaient retirer de
leurs maisons et des moyens à prendre pour arriver
à ce résultat si important. « Il faut nécessairement
vous endetter, lui disait son hôte. A l'heure
qu'il est, je dois pour plus de 300,000 fr.; c'est
une bagatelle. » A ces mots, l'abbé Soulas frappa
des pieds et des mains, et répondit avec sa brusque
vivacité : « Quoi ! vous devez tout cela et vous
pouvez dormir? et vous pouvez manger? Je devais
un jour 30,000 fr. que j'ai payés. Tant que j'eus
devant mes yeux un tel engagement, je m'arra-
chai le pain de la bouche et le sommeil refusa de
fermer mes paupières. Mes sœurs en ont fait autant. Je mourrais, Monsieur, si je me trouvais
dans votre position. »

Cette prudence de notre bon missionnaire fut la
gardienne de ses œuvres, qui ont toutes commencé
petitement. Il disait souvent à ses sœurs : « Mes
filles, soyons pauvres comme Jésus le fut à l'éta-
ble de Bethléem. L'Église est une bien belle société, c'est l'œuvre du Fils de Dieu. Eh bien ! elle
a pourtant pris naissance dans une crèche. La
crèche; oui, la crèche pour les œuvres, sans cela
elles tombent. »

On lui conseilla cependant de faire le voyage
de Paris pour intéresser le Gouvernement à

son œuvre et en obtenir quelques secours. Un jeune prêtre plein de zèle, et qui avait toute sa confiance, voulut l'accompagner et faire à son égard l'office de cicerone. Cette dernière considération influa beaucoup sur sa détermination ; car il n'aurait jamais consenti à cette entreprise sans la compagnie d'un prêtre avec lequel il pût être à son aise. Il se décida donc à partir pour aller plaider la cause de ses pauvres auprès des représentants de l'Hérault et des hauts fonctionnaires du Gouvernement.

C'était au commencement de septembre 1850 que nos deux voyageurs arrivèrent au sein d'une capitale où s'agitent tant d'hommes et tant d'ambitions. La vue de ces flots de peuple qui se remuent depuis le matin jusqu'au soir pour des intérêts moins louables que ceux de notre apôtre ; le bruit et le luxe des équipages, les richesses éblouissantes étalées à chaque pas dans toutes les grandes artères de cet immense cœur de la France, ne pouvaient produire, sur l'âme simple et innocente de l'abbé Soulas, qu'une impression d'étonnement mêlé de douleur, lui qui était à peine sorti des limites de son département de l'Hérault. A tout instant il pressait son compagnon de voyage, quand leurs occupations leur permettaient de visiter les monuments, d'abréger leurs pérégrinations et de rentrer à l'hôtel pour être plus dans la solitude et le silence. Arrivé un jour sur la coupole du Panthéon, à la vue de cette cité colossale bâtie sous ses pieds et qui lui envoyait un immense murmure, semblable à celui de l'Océan en courroux, il se représenta, par sa foi vive, combien grand était le nombre de crimes qui devait monter tous les jours de ce foyer de civilisation vers le trône de Dieu, et il se mit à prêcher d'une voix forte sur les trésors de colère que la justice divine ferait pleuvoir au dernier jour contre les habitants de la nouvelle Gomorrhe, au grand étonnement de son compagnon de voyage, qui ne pouvait se lasser d'admirer l'esprit de foi qui accompagnait toujours cette âme apostolique.

Sa première lettre à Montpellier reproduit admirablement ce qui se passait au fond de son cœur. Il avait besoin de s'épancher. Le 9 septembre, il écrivait à la supérieure de ses sœurs :

MA CHÈRE FILLE,

Me voilà donc arrivé ce soir dans la grande ville. La vue de ce mouvement continuel, de ces voitures qui se croisent dans tous les sens, de cette foule qui se presse, curieuse ou affairée, a produit sur moi une impression difficile à décrire. Je n'aime pas Paris; j'aime mieux un petit coin de province, travaillant avec calme et sous les regards de Dieu, dans la retraite, au salut et au soin des pauvres. Paris est une ville magnifique; mais elle est bien triste et bien coupable aux yeux de la foi. J'ai promené cette grande Babylone, et je rentre le cœur serré et contristé de tant et de tant de choses qui ne peuvent qu'irriter la justice de Dieu. Aussi, ma chère fille, mon séjour ne sera pas long; tout me dit que ce n'est pas ici ma place et que j'aurais mieux fait de rester au milieu de mes œuvres, attendant par la prière que Dieu vienne à notre aide comme il l'a toujours fait. La leçon sera bonne, et vous et moi nous resterons dans notre coquille. Priez pour moi, engagez nos filles à le faire. Ma santé du corps va assez bien. Je vous tiendrai au courant de toutes choses. Mes respectueuses amitiés à M. l'abbé B.........; assurez-lui qu'il vaut mieux travailler au bien des pauvres de la colonie que de venir à Paris mendier de l'argent. Priez et priez pour moi et croyez-moi, dans les divins cœurs de Jésus et de Marie, votre tout dévoué,

SOULAS, prêtre.

D'après ce que nous voyons dans cette lettre, il nous est facile de comprendre que le séjour de l'abbé Soulas à Paris lui serait devenu insupportable, si cette grande ville n'eût pu offrir à sa piété un aliment dont elle semblait manquer depuis son départ. Mais quand son guide fidèle l'emmena aux spectacles de la religion, dont la capitale lui offrit la pompeuse majesté, il rentra dans son véritable élément; alors son âme s'épanouit comme une fleur sous les rayons du soleil, et s'il avait eu besoin de communiquer ses dégoûts et ses ennuis, il ne put contenir son bonheur quand

4*

les consolations vinrent·le visiter. Trois jours après sa première lettre, il écrivit la suivante à celle qu'il jugeait digne de son entière confiance :

MA CHÈRE FILLE EN JÉSUS-CHRIST,

Ce soir, dimanche, je rentre à cinq heures, après avoir battu pendant sept heures les pavés de Paris pour faire quelques commissions, et surtout pour visiter les églises; ce matin j'ai eu le bonheur de dire la sainte messe chez les Lazaristes fondés par saint Vincent de Paul. Là j'ai éprouvé une vive satisfaction, j'ai eu l'indicible bonheur de, voir et de baiser les reliques ou plutôt les vêtements de saint Vincent de Paul et du père Perboire, martyr. J'ai vu, j'ai touché, j'ai baisé la soutane, le manteau, les souliers, le parapluie de saint Vincent de Paul. Dans un moment d'une véritable joie, j'ai porté la hardiesse jusqu'à me revêtir un instant de la soutane de saint Vincent; quel bonheur si j'avais pu me revêtir de son esprit de pauvreté, d'humilité, de charité! Le croiriez-vous? La soutane et le manteau sont du drap le plus grossier que j'aie jamais vu ; les souliers sont les souliers d'un pauvre paysan; son parapluie est d'une étoffe de trois à quatre sous le pan. Si j'avais pu vous appeler toutes et vous dire : Voilà votre modèle et le mien! J'ai vu, j'ai touché, j'ai baisé avec une vénération profonde la robe, la chemise, les habits que portait le père Perboire lorsqu'il allait au martyre; on découvre encore les traces de son sang; j'ai vu la corde dont on le lia dans sa prison et celle dont on s'est servi pour l'étrangler. Je suis sorti de cette maison tout embaumé, tout ému.

J'ai fait une station dans les églises de la Madeleine, de Saint-Eustache, de Notre-Dame-des-Victoires. Dans cette dernière église ma station a été plus longue : j'ai prié avec ferveur ce me semble pour vous d'abord, pour vos filles, pour le bon et saint abbé B........., mon collègue dans l'œuvre des pauvres; j'ai placé dans le cœur de Marie les cœurs de vous tous, de nos pauvres, de nos jeunes détenus.

J'ai entendu vêpres et reçu la bénédiction du Très-Saint-Sacrement dans l'église Notre-Dame de Paris. Rien au monde de plus beau que cette église, rien de plus édifiant que le chant et la pompe des cérémonies!

Vous voyez, ma chère fille, que la journée a été remplie; demandez à Jésus par Marie qu'elle me devienne profitable pour mon salut et que je conserve le souvenir des grâces que j'y ai reçues. Je ne vous parle pas de la santé de ce misérable corps, elle est toujours bien; je plains d'être obligé de dépenser pour elle, dans une ville où tout est cher, un argent qui profiterait mieux aux pauvres. Priez toujours pour moi qui suis tout entier par Jésus, votre Père.

SOULAS, prêtre.

Ce voyage de Paris ne fut pas perdu pour les œuvres de l'abbé Soulas. Reçu par les ministres du Gouvernement, il plaida devant eux avec une éloquence d'apôtre la cause de ses pauvres, et plus tard il obtint, dans plusieurs circonstances, des dons abondants en espèces et en nature. Il revint la joie au cœur, tout heureux de rentrer dans sa *coquille* pour s'occuper avec un nouveau zèle des travaux qui l'attendaient. La première chose qu'il fit fut de s'enfermer pendant huit jours dans sa colonie agricole. Il voulut se dédommager, dans la solitude, du bruit qui, pendant trois semaines, avait fatigué son esprit et son cœur. Là il trouva le repos en se retrouvant lui-même, et, au milieu de ses petits orphelins, il lui sembla qu'il était plus près de Dieu. Depuis son séminaire, l'abbé Soulas avait coutume de faire tous les mois un jour de retraite. Il renouvelait, dans ce pieux exercice, les résolutions de sa prêtrise et examinait attentivement s'il ne s'était pas écarté tant soit peu du plan qu'il s'était tracé le jour de son ordination. C'est à Notre-Dame-des-Champs qu'il faisait ordinairement cette retraite, et il arrivait ensuite à son couvent de Montpellier pour embraser ses sœurs du feu qui le dévorait, et qu'il avait allumé en lui dans la solitude par la méditation profonde de ses devoirs et de ses obligations. Quelquefois il n'attendait pas d'être de retour dans sa chère communauté pour lui faire part des saintes pensées qui agitaient son intérieur. Un jour entre autres il écrivit à la supérieure la lettre suivante, qui est plus propre à peindre sa belle âme que toutes les descriptions d'une plume étrangère :

MA CHÈRE MÈRE (*sic*),

Ah! qu'on est bien dans la retraite ! Ah! qu'on est bien mieux encore lorsqu'on prête une oreille attentive, l'oreille du cœur, à la voix douce et amie de Dieu, de Jésus, le bon et adorable Maître! Priez pour celui qui, tous les jours, sent un zèle plus ardent pour votre salut, pour votre perfection religieuse; priez bien et souvent pour le pauvre prêtre qui aujourd'hui, plus que jamais, connaît la grandeur et le nombre de ses misères, de ses infidélités. Oh! que les prêtres sont coupables de ne pas aimer comme ils sont appelés à aimer! C'en est fait, je veux être et devenir un saint par l'humilité, la douceur, la patience, le zèle, l'amour; savez-vous que je suis bien loin de toutes ces vertus? Priez pour moi, encore une fois; demandez que je sorte de cette retraite comme les Apôtres du Cénacle, comme saint Ignace et saint François Xavier de leur solitude. Embrasé, enflammé, je ne manquerai pas de vous embraser, de vous enflammer vous toutes, vous surtout qui avez plus de rapports avec votre indigne et coupable serviteur et père en Jésus-Christ. Venez jeudi, si vous le jugez utile et convenable pour vos filles, que je vois peu et auxquelles je ne parle presque pas. Priez pour que je meure pour ne plus vivre.

Votre tout dévoué en Jésus-Christ et pour Jésus-Christ,

SOULAS, prêtre.

IX.

Depuis la fondation de toutes ses belles œuvres, l'abbé Soulas ne s'occupait plus de missions extérieures ; sa présence était trop nécessaire à sa communauté de filles et à sa chère colonie des Matelles pour qu'il pût s'absenter longtemps et consacrer, comme par le passé, son zèle aux paroisses du diocèse. Il sentait, du reste, que sa santé était profondément altérée, et que le jour approchait où il serait obligé de mettre bas les armes et de se reposer à l'ombre de ses beaux lauriers. Cependant ne croyons pas qu'il ait attendu ce jour sans rien faire. Il fut pendant quatre ans le missionnaire de Montpellier, comme il l'avait été du diocèse pendant les dix années précédentes. Il prêchait sans cesse dans sa chapelle de Saint-Charles des retraites spirituelles, tantôt à ses domestiques, tantôt à ses sœurs. Les dames de la ville y furent quelquefois appelées, et c'est au milieu de ces réunions qu'il parvenait à se faire de nouvelles protectrices de son œuvre des Matelles. Qui pouvait, à moins d'être complétement endurci,

ne pas se sentir plus charitable et plus désinté-
ressé après ces conférences où le cœur, se mettant
à la place de l'imagination, donnait à sa voix
une éloquence dont lui seul avait le secret? Quand
il lui arrivait de ne pas être engagé pour la station
du carême, il réunissait les hommes du quartier
dans sa petite église, et là, à la suite d'un cantique exécuté par tant de voix mâles et sonores,
il montait en chaire et retrouvait cette vigueur de
langage, ces mouvements de tribun qui avaient
autrefois terrassé et converti tant de pécheurs.
Aussi, quand arrivait le jour de Pâques, on recon-
naissait dans la paroisse Saint-Pierre, au grand
nombre d'hommes qui s'approchaient de la table
sainte, qu'une voix apostolique avait jeté le trouble au fond des consciences. D'autres fois c'était
dans une des nombreuses paroisses de la ville que
l'abbé Soulas opérait ces prodiges de résurrection
et de vie. Il prêcha successivement les stations
du carême à Sainte-Eulalie, à Saint-Roch, à
Sainte-Anne et à Saint-Matthieu, et dans toutes
ces églises sa parole produisit les plus grands fruits.
Les auditoires d'hommes étaient surtout au grand
complet; il savait si bien parler au peuple que la
foule s'empressait autour de sa chaire, et que sa
popularité croissait toujours davantage. A Sainte-
Anne, dans son premier discours, il s'enflamma

tellement à la péroraison, qu'il s'écria avec une voix de tonnerre : *Je suis un âne, je le sais; mais j'aime Dieu et je veux que vous l'aimiez, et vous l'aimerez, j'en suis sûr!* Un autre aurait fait rire avec de telles paroles; l'abbé Soulas convertissait.

Dans une de ces stations quadragésimales prêchées à Montpellier, à l'époque de ses dernières prédications, les hommes arrivaient en foule tous les soirs à son petit appartement, pour se confesser. Celui qui écrit ces lignes en a été le témoin. Il a trouvé dans le corridor de la chambre du missionnaire, confondu pêle et mêle, ce qu'il y avait de plus riche et de plus pauvre, de plus instruit et de plus ignorant dans la cité; et un soir, s'adressant amicalement, pour le féliciter, à un bon cultivateur qui passait pour un homme très-négligé dans ses devoirs religieux, celui-ci lui répondit : Que voulez-vous, Monsieur, il faut nécessairement que je me rende; *car ce prêtre nous fait entrer cela dans le ventre.* C'était une tournure assez pittoresque pour traduire ce que d'autres répétaient en des termes moins empreints de trivialité : que l'abbé Soulas avait une éloquence irrésistible, et qu'il était un nouveau Bridaine, puisqu'il savait si bien trouver le chemin des cœurs.

Hélas ! cette station était, pour ainsi dire, comme sa dernière victoire, non pas qu'il dût encore plier tout à fait sa tente d'apôtre, mais parce que ses forces l'abandonnant d'une manière sensible, il devait se borner à de rares prédications dans sa chapelle et à quelques retraites prêchées en famille à ses bonnes religieuses.

De toutes les peines capables de resserrer son cœur si plein de charité, il n'en est peut-être pas qui aient été pour lui plus sensibles que celle de remettre dans le fourreau le glaive de la parole de Dieu, qu'il essayait encore de tirer pour travailler à la conquête des âmes. C'est alors qu'il put déplorer avec amertume ses précédents excès de zèle et le peu de ménagement qu'il avait gardé dans la distribution de ses travaux apostoliques. Ses forces n'étaient plus en harmonie avec son âme ardente, tandis que sa charité, au contraire, rajeunissait et grandissait davantage à mesure que la maison terrestre de son corps, lézardée de toute part, annonçait une ruine plus ou moins prochaine. Dans cette position si critique, cessera-t-il d'être apôtre ? Non, il le sera par d'autres, et s'il ne peut, comme autrefois, payer de sa personne, il aura à côté de lui des disciples animés de son esprit de désintéressement et de son zèle ; il les associera aux travaux de ses œuvres, et les enverra de temps en temps au milieu des peuples pour s'y livrer aux fatigues de l'apostolat.

Ce fut là, nous ne craignons pas de le dire, la plus belle pensée du pieux fondateur. Dieu, en qui il avait mis toute sa confiance, ne pouvait lui refuser toutes les lumières dont il avait besoin pour l'accomplissement de sa volonté. Il lui donna cette nouvelle inspiration, afin de lui prouver qu'il conserverait après sa mort ce qu'il lui avait ordonné de fonder pour sa gloire.

On se souvient encore de l'émotion universelle causée dans la ville de Montpellier quand on apprit l'état désespéré de l'abbé Soulas à sa dernière maladie; elle redoubla après son décès dans tous ceux qui l'avaient connu, et le diocèse partagea aussitôt cette immense douleur. Ceux qui n'étaient pas bien au courant des institutions de cet homme apostolique s'écrièrent de toute part : Que vont devenir les œuvres qu'il a fondées? Qui lui succèdera dans la direction de ses établissements nombreux? Une telle sollicitude était naturelle, et montrait combien ceux qui lui étaient dévoués portaient un vif intérêt à la prospérité des œuvres dont il fut le créateur et le père. Mais cette sollicitude l'homme de Dieu l'avait eue avant tous les autres, car elle fut pour lui un devoir.

Quand il se vit fondateur, quand il eut ouvert à la misère des asiles admirables, quand il fut sur le point de réaliser les nouvelles inspirations qui s'agitaient au fond de son cœur, alors, en homme clairvoyant et sage, il s'adressa le premier cette importante question : Mais, si je meurs, que deviendront mes sœurs, ma colonie, ma crèche et tout ce qu'il me reste encore à faire pour la gloire de Dieu ? Dès ce jour, une longue préoccupation s'empara de son esprit ; il fit des réflexions sur la brièveté du temps, sur la nécessité de se trouver des successeurs en tout dignes de sa confiance, et il promit à Dieu de ne point se donner de repos avant d'avoir choisi parmi tous les prêtres du diocèse des hommes dévoués à ses plus chers intérêts.

Il ne manqua pas, comme toujours il le faisait dans les choses importantes, d'ouvrir son cœur à son évêque et de lui exposer sa peine. Il voulait obtenir l'autorisation de s'adjoindre un ou plusieurs prêtres qui travailleraient avec lui et après lui à la consolidation de ses œuvres. « Monseigneur, lui disait-il, que deviendrait ma maison si, après ma mort, elle rencontrait des prêtres qui, au lieu de se sacrifier pour mes pauvres, vivraient comme des rentiers au milieu de mes établissements ? Ils détruiraient nécessairement le fruit de toutes mes sueurs et de toutes mes peines. » Monseigneur chérissait trop l'abbé Soulas et appréciait trop le bien qu'il opérait dans sa ville épiscopale, pour ne pas partager des craintes si légitimes. Il l'encouragea vivement à chercher parmi tout son clergé des hommes de cœur et de dévouement, l'assurant qu'il approuverait son choix et qu'il l'aiderait de tout son concours pour lui faciliter ses recherches.

A cette époque, deux jeunes prêtres, exerçant les fonctions de vicaire dans une des plus grandes paroisses de Montpellier, venaient d'y fonder, dans l'intérêt de la jeunesse chrétienne, une association de Persévérance, enrichie d'un petit cercle religieux où venaient se réunir pendant toutes les soirées, aux heures des récréations, les enfants qui, après leur première communion, étaient comme abandonnés à eux-mêmes. Déjà cette œuvre attirait les regards des hommes de bien, qui applaudissaient aux efforts de ces pieux protecteurs de l'innocence et de la vertu, en mettant à l'abri des dangers du monde tant de cœurs inexpérimentés dont l'enfer est pourtant si jaloux. On vit bientôt dans la ville le bien qu'un tel établissement était capable de faire par celui qu'il réalisait déjà. L'abbé Soulas étudia de près ces deux jeunes prêtres, les visita, s'informa des moyens dont ils étaient en possession pour entretenir cette Persévérance, et il ne tarda pas à se convaincre que leur modeste traitement de vicaire était en grande partie sacrifié à une si noble cause ; il en conclut que le dévouement avait seul inspiré cette œuvre si utile au bien de la religion et des familles. Mais il voulut voir par lui-même la manière dont elle était administrée ; aussi se transportait-il de temps en temps, malgré ses occupations, au cercle de la Persévérance, où il s'entretenait, soit avec les directeurs, soit avec les jeunes gens ; il assistait à leurs jeux et à leurs exercices de piété, et sortait de ce petit sanctuaire heureux, disait-il, d'avoir rencontré des prêtres qui promettaient beaucoup pour la gloire de Dieu et le salut des âmes.

Enfin, le désir de s'attacher ces hommes, dont le dévouement l'impressionnait, se fit vivement sentir à son cœur. Il pria, il réfléchit longtemps encore, attendant que la Providence lui ménageât une occasion favorable pour s'expliquer avec eux. Il hésitait cependant ; tantôt il n'osait pas espérer, et tantôt il lui semblait qu'il n'avait qu'à faire les premières démarches pour réussir. Enfin, toujours pénétré de cette pensée, qui le poursuivait sans cesse, il reçut un soir la visite de l'un d'entre eux, et, prenant son cœur à deux mains, il lui exposa le plan qu'il avait conçu de donner à l'œuvre de la Persévérance une extension plus considérable et d'établir dans la chapelle de Saint-Charles l'exercice de l'adoration perpétuelle du Très-Saint-Sacrement. « Je voudrais joindre votre œuvre à mes œuvres, lui dit-il. Je sais aussi que vous avez de l'attrait pour la prédication, vous pourriez vous livrer à ce genre de ministère ; ce serait le moyen de ressusciter dans le diocèse l'œuvre des missions, qui a été interrompue depuis quelque temps faute d'ouvriers. D'ailleurs, si je venais à mourir au premier jour, je laisserais après moi un homme selon mon cœur pour continuer le bien que j'ai fait ; car, je ne vous le cache pas, je ne vous ai jamais perdu de vue depuis que vous êtes sorti du séminaire ; j'ai toujours eu de l'attrait pour vous, et je suis sûr que Dieu vous appelle à l'apostolat de la prédication et des bonnes œuvres. » L'autre ouvrit à son tour le fond de son âme à celui qui venait de lui faire une communication si importante. Il demanda cependant deux jours de réflexion avant de donner une réponse définitive, et ils se séparèrent en se serrant la main et en se recommandant de prier l'un pour l'autre au saint Sacrifice de la messe. Pendant ce temps, l'abbé Soulas engageait ses sœurs à redoubler de ferveur pour le succès d'un projet qu'il méditait, et il va le lendemain à la colonie des Matelles faire part à l'aumônier de ses orphelins de l'entrevue qu'il avait eue la veille, et lui demander s'il veut entrer dans la nouvelle combinaison, supposé que le prêtre en question consente à tout ce qui lui a été proposé. Celui-ci, par un désintéressement digne des plus grands éloges, renonce spontanément à son traitement d'aumônier pour accepter les nouvelles conditions. Pendant ce temps, le vicaire était revenu chez l'abbé Soulas, et, ne l'ayant pas trouvé, il laissait au portier un billet ainsi conçu :

RÉVÉREND PÈRE,

Je viens me mettre à votre disposition. Dieu m'avait inspiré depuis longtemps le désir de travailler à sa gloire dans le ministère des missions. Ne trouvant plus dans le diocèse les moyens de réaliser ce vœu de toute ma vie, je m'étais adressé ailleurs, et j'allais dans quelques jours prendre les moyens nécessaires pour arriver à ce but ! Puisque la Providence se sert de vous et de vos œuvres pour me retenir dans mon pays, je vous offre ma santé, mon peu de zèle, mes faibles moyens. Voyez Monseigneur, et faites en sorte que je puisse venir au plus tôt auprès de vous pour partager vos travaux et votre dévouement.

Je suis à la vie et à la mort,

Votre très-humble collaborateur,

....

En arrivant de la colonie, l'abbé Soulas parcourt ce billet, qui le fait bondir de joie. La première chose qu'il fit fut d'aller se prosterner dans sa chapelle pendant quelques instants. Là, méditant sur la bonté de Dieu et reconnaissant avec quelle promptitude le Ciel s'empresse de lui accorder tout ce qui lui est nécessaire, il le remercie avec effusion, et se relève ensuite pour courir auprès de sa supérieure générale, à laquelle il voulait faire partager le bonheur dont il était inondé. « Maintenant, dit-il en l'abordant, *je puis mourir tranquille*, tout est accompli. M. .... consent à devenir un des nôtres. Savez-vous que nous sommes des enfants gâtés ! Nous désirons un prêtre, et ce prêtre quitte sa position, son avenir, tout, en un mot, pour se donner à nos œuvres. Dieu nous fait une grâce immense. »

Le lendemain, l'abbé Soulas rendait compte à Mgr l'Évêque de tout ce qui venait d'avoir lieu, et obtenait l'autorisation de recevoir le nouveau prêtre, en le félicitant, dans les termes les plus flatteurs, d'avoir si bien réussi.

Mais une nouvelle consolation était réservée au cœur de l'abbé Soulas. Le second vicaire de la paroisse dont nous avons parlé, M. l'abbé ...., voyant son confrère s'enrôler sous l'étendard des bonnes œuvres, entendit bientôt au fond de son âme une voix qui lui inspirait la même vocation. Il comprit que son ami avait choisi la meilleure part, et il voulut, lui aussi, donner à Dieu sa portion de dévouement comme son collègue. Il vint trouver l'abbé Soulas, et lui dit tout simplement : « Je suis ici pour me mettre à votre disposition ; me voulez-vous ? Faites de moi ce que vous jugerez convenable. Je me sens de la bonne volonté, et je n'ai d'autre ambition que celle de faire du bien avec le plus de désintéressement possible. » On peut juger du bonheur de l'homme de Dieu en entendant de telles propositions. Pressant sur son cœur ce nouvel apôtre que le Ciel lui envoyait, il revient chez son évêque, et obtient une seconde autorisation. Puis, il assemble ses sœurs, et leur annonce avec transport ce surcroît de bénédictions que ses œuvres reçoivent de la part de Dieu, en leur disant : « Je vous prépare une pépinière de bons pères qui se dévoueront comme je l'ai fait à toutes nos œuvres. Ils seront d'autres moi-même, et vous aurez pour eux les égards et la vénération dont vous m'avez toujours entouré. Si je meurs, vous ne serez donc pas abandonnées. » Inutile de dire avec quelle joie ces excellentes religieuses reçurent une communication si importante ; elles rendirent au Ciel de vives actions de ᴬ pour tous ces nouveaux bienfaits,

5

Telle fut l'origine de cette petite congrégation de Prêtres-Missionnaires, à laquelle Monseigneur donna le nom de *Pères de l'adoration perpétuelle.* Elle se réunit bientôt en conseil pour jeter les bases de sa modeste constitution. Les quatre prêtres qui en furent l'objet s'entendirent comme des frères sur la question du désintéressement, car tous n'avaient qu'un cœur et qu'une âme, ils voulaient travailler pour Dieu seul. Voici les premiers articles de cette charte, à laquelle Mgr l'Évêque donna toute son approbation. Nous sommes heureux de les reproduire :

La congrégation des Prêtres-Adorateurs-Missionnaires a pour but de faire connaître et adorer Jésus-Christ par les missions et par le soin de toutes les œuvres qui ont été fondées par M. Soulas.

Ces œuvres sont la congrégation des Sœurs Gardes-Malades, les œuvres des Orphelins, des Orphelines et des Mendiants, l'Adoration perpétuelle et la Persévérance.

Les prêtres-adorateurs ajouteront à ces œuvres toutes celles qui leur seront confiées par Mgr l'Évêque, qui est leur premier supérieur et auquel ils se feront un devoir de témoigner plus de respect, d'obéissance et de dévouement que les autres prêtres.

Le supérieur immédiat sera choisi par Mgr l'Évêque parmi les membres de la congrégation.

Tout membre de la congrégation sera entretenu, sa vie durant, sain ou malade, aux frais de la communauté; aussi les prêtres-adorateurs renoncent à tout traitement, seulement ils reçoivent 100 fr. par an pour les voyages d'agrément et les menues dépenses non nécessaires et qui ne sont pas à la charge de la communauté ; ils ont aussi la libre disposition d'une messe par mois.

Les fonds de la congrégation se composent des divers revenus qu'elle possède, des honoraires de messes, de carêmes et de sermons ; si ces fonds ne suffisent pas, les œuvres qui ont été fondées par M. Soulas viendront à leur secours, suivant cette parole de l'Apôtre : *Si nos vobis spiritualia seminaverimus magnum est si nos carnalia vestra metamus.*

Un économe, nommé par M. le Supérieur, aura seul, sous la surveillance de celui-ci, le droit d'administrer les biens de la communauté ; c'est à lui que devront s'adresser tous ceux qui auront des demandes ou des plaintes à faire.

On n'admettra dans la congrégation que des prêtres irréprochables sous tous les rapports et capables d'annoncer d'une manière convenable la parole de Dieu.

Les prêtres-adorateurs, après un an de noviciat, feront vœu de stabilité dans la congrégation.

Le temps du noviciat pourra être abrégé par Mgr l'Évêque.

Un conseil composé de tous les membres de la congrégation décidera à la majorité des voix si le novice doit être admis à prononcer son vœu ou si l'épreuve doit être prolongée ; dans le cas d'égalité des suffrages, le supérieur a voix prépondérante.

Un prêtre-adorateur n'est membre de la congrégation qu'après l'émission du vœu de stabilité.

Si, ce qu'à Dieu ne plaise ! un membre de la congrégation se met dans le cas d'être renvoyé ou s'il se retire de lui-même en brisant son vœu ou en obtenant dispense, il n'a le droit de rien réclamer à la communauté que son linge et les effets qu'il a portés en entrant.

Tel est l'esprit d'abnégation et de zèle que l'abbé Soulas savait inspirer à ceux qui l'approchaient, et quand il rencontrait des âmes capables de refléter les rayons de charité qui dardaient de la sienne, comme le miroir fidèle reproduit l'image de l'objet placé devant lui, alors le saint prêtre se sentait revivre, et son bonheur le dédommageait des peines et des sollicitudes qu'il s'imposait pour l'amour de son Dieu. Il n'était plus seul à travailler pour les pauvres, son exemple avait des imitateurs ; cette pensée le consolait à tel point, qu'il se regardait comme suffisamment récompensé par la Providence avant de recevoir les gloires d'un monde meilleur.

Mais ce qui doit être remarqué dans cette circonstance, c'est l'attachement qu'il eut pour ses dignes coopérateurs, il les aimait d'un amour tout particulier. Il savait trop apprécier leur généreuse détermination pour ne pas y répondre par un dévouement sans bornes. Il fit de leurs intérêts ses intérêts, partageant avec tendresse leurs consolations comme leurs peines. C'est ainsi qu'il se plaisait à proclamer devant ses amis les succès que ces hommes apostoliques obtenaient dans les différentes missions où ils étaient envoyés ; et quand, en 1854, deux de ses prêtres allèrent braver la mort pour porter les secours de leur ministère aux cholériques d'Aniane, il fut si heureux de leur dévouement qu'il en parlait à tout le monde avec des trépignements de joie enfantine.

Pour augmenter en eux l'esprit de leur belle vocation, il établit des conférences théologiques et spirituelles, où ces hommes de foi se retrempaient dans leurs devoirs de piété et d'étude. Ces réunions avaient lieu une fois le mois et tenaient lieu de conférence cantonnale, dont Mgr l'Évêque les avait dispensés par une autorisation particulière. Indépendamment des traités de Théologie, d'Histoire ecclésiastique, d'Écriture-Sainte, on s'occupait en particulier de la manière d'annoncer aux peuples la parole de Dieu et de célébrer avec dignité les cérémonies du saint Sacrifice de la messe. C'est là que l'abbé Soulas inspirait à ses prêtres cet esprit de foi et de charité, cette dévotion tendre et sensible qu'il avait à un si haut degré pour la présence réelle du Sauveur dans le sacrement de l'Eucharistie ; on aurait dit Vincent de Paul communiquant aux membres de sa congrégation naissante le feu dont il était rempli et dont il voulait les embraser. Enfin, après cette longue série d'occupations et de causeries pieuses, on arrivait au chapitre des œuvres, et alors la réunion se transformait en un conseil où chacun proposait librement son opinion sur la manière de diriger les établissements, les moyens qui convenaient le mieux pour les faire prospérer, et les améliorations qu'il fallait y introduire. Une prière fervente clôturait toujours ces saintes réunions, d'où chacun se retirait plus dévoué aux devoirs de son état, plus régulier et plus pieux dans l'exercice du saint ministère.

C'est ainsi que l'abbé Soulas parvenait non-seulement à entretenir dans le cœur de ses prêtres l'esprit de foi et de piété qui en avait déjà fait des apôtres, mais encore à les connaître de plus en plus et à les apprécier tous les jours davantage. Aussi, quand il ne put, à cause de son état constamment maladif, s'occuper de certains travaux qu'il s'était exclusivement réservés, il jugea à propos, dans une foule de circonstances, de leur en confier la direction.

X.

Une fois en possession de son premier collaborateur, l'abbé Soulas s'était occupé de fonder une
œuvre spirituelle à laquelle il pensait depuis son
séminaire, l'adoration perpétuelle du Saint-Sacrement. Sa piété à l'égard de ce chef-d'œuvre de
l'amour d'un Dieu pour les hommes lui avait inspiré plusieurs fois, avant sa prêtrise, de passer
toute la nuit en prières dans l'église pour y contempler à son aise le trésor des grâces et des
vertus renfermé dans nos autels. Plus tard, dans
sa chapelle de Saint-Charles, qui n'était séparée
de son appartement que par une simple muraille,
après avoir interrompu son sommeil, il allait
passer quelques heures d'adoration au milieu du
sanctuaire. Il disait à ses sœurs, qui lui témoi-
gnaient un jour leur étonnement : « Comment
voulez-vous que je dorme quand Notre-Seigneur
est si près de moi ? » Apprenant que cette dévotion, pratiquée à Rome, commençait à se propa-
ger dans les principales villes de France, il désira
que la ville de Montpellier, si riche en œuvres de

religion, fût une des premières à imiter l'exemple
de ses rivales, et il songea sérieusement à réaliser
cette pensée quand il en aurait les moyens. Un
instant il crut que d'autres se chargeraient de ce
soin, et il attendit le résultat des premières ten-
tatives que plusieurs jeunes gens pieux essayaient
d'amener à bonne fin ; il donna même son nom,
offrit son concours pour le succès de cette œuvre
si éminemment catholique; mais les adorateurs de
la nuit étaient difficiles à trouver, surtout dans-les
conditions élevées, parmi lesquelles on allait choi-
sir les gardes de corps de Notre-Seigneur Jésus-
Christ. Enfin, les délais furent si longs, que l'abbé
Soulas, croyant que l'adoration perpétuelle avait
échoué dans ses projets, prit la résolution de reprendre les essais déjà tentés et d'établir l'œuvre
dans sa chapelle de Saint-Charles. Il s'était fait un
plan dont il attendait les meilleurs résultats pour
ses nombreux établissements. Agissant toujours
par des pensées de foi et comptant par-dessus tout
sur le bras du Seigneur pour la conservation et
l'accroissement de ses œuvres, il regarda l'adoration perpétuelle comme un arsenal de bénédictions,
comme un paratonnerre puissant qui protégerait
sa maison, attirerait constamment sur elle l'œil
de la bonté divine et couronnerait toutes ses autres institutions. Il prévoyait qu'il viendrait un

temps où ses sœurs, après avoir servi Notre-Seigneur dans la personne des malades et des pauvres, seraient obligées, à cause de leur âge ou
de leurs infirmités, de se reposer, attendant dans
la solitude et la prière le moment où il plairait à
Dieu de les délivrer des privations et des peines
de ce triste exil. Alors elles prendraient ce repos
auprès de l'autel et continueraient à servir les intérêts de la société en priant pour elle. « Quelle
belle préparation à la mort, disait-il, quand, après
avoir bien travaillé, on l'attend de pied ferme dans
le sanctuaire, où l'on contemple avec les yeux
de la foi ce que l'on doit contempler un jour à
découvert et sans nuage dans l'éternité ! » Quand
plus tard, après l'établissement de l'adoration perpétuelle, l'abbé Soulas rédigea et fit imprimer les
constitutions et les règlements de sa communauté
de filles, il y inséra ces lignes empreintes d'une
foi vive et d'une éloquence tout apostolique :

La sœur garde-malade se dévoue, s'immole tous les jours
de sa vie, et lorsque les infirmités de l'âge ou la faiblesse de
la santé l'atteignent, sa mission n'est pas finie. Les travaux,
les fatigues, les longues veilles lui sont impossibles ; son
corps demande trêve et réclame un repos nécessaire, mais
son esprit et son cœur ont toute la vigueur de la jeunesse ;
il faut leur donner un aliment. La règle veut que la sœur
infirme passe ses derniers jours aux pieds de Jésus-Christ
sur l'autel.

5*

Là elle reste, pendant de longues heures, en la présence de celui qu'elle a si souvent soigné et consolé dans la personne du malade et du pauvre; elle prie pour elle, demandant au Dieu de la crèche et du calvaire pardon de ses infidélités et de ses fautes passées; elle répare les négligences et les tiédeurs dans son service; elle prie pour les autres, pour N. S. P. le Pape, pour Mgr l'Évêque, pour ses supérieurs, pour ses parents, pour les membres de sa chère congrégation, pour ses bienfaiteurs, pour les familles qu'elle a connues ou servies, pour l'Église tout entière, pour la conversion des pécheurs et la persévérance des justes. O sainte vie! que celle qui commence, se continue dans l'exercice de la charité et du dévouement, et qui se termine par la méditation et la prière auprès de celui qui est notre juge à tous!

Les sœurs infirmes et celles qui, à cause de leur grand âge, ne peuvent être d'aucune utilité dans leurs communautés respectives, se retirent dans la maison mère. Là elles terminent leur vie dans la prière, comme nous venons de le dire.

Plein de toutes ces pensées, l'abbé Soulas va trouver Mgr l'Évêque pour lui communiquer son plan, et il obtient d'établir dans la chapelle de Saint-Charles l'adoration perpétuelle, telle qu'on la pratique à Rome. Mais à peine a-t-il exposé le Saint-Sacrement et annoncé, avec toute l'éloquence dont il était capable, aux fidèles qui fréquentaient son église, la nouvelle faveur qu'il venait de recevoir, qu'une députation envoyée d'ailleurs arrive chez le prélat et fait des réclamations qui tendaient à fonder l'adoration dans une

autre chapelle, où l'on essayait de l'établir depuis
plusieurs mois. L'abbé Soulas est mandé aussitôt à l'évéché en même temps que les solici-
teurs, et là on l'invite à abandonner son projet,
attendu que d'autres s'en étaient occupés avant
lui. Tout semblait concourir, dans cette circonstance, à ébranler son courage : l'habileté de ses
antagonistes et l'incertitude au moins apparente
de Monseigneur, qui, pour concilier tous les intérêts, aurait désiré que les choses s'arrangeassent
sans que son autorité intervînt. Mais l'abbé Soulas,
si timide quand il s'agissait de lui-même, ne l'était
plus quand Dieu était en cause. Il parla avec une
franchise qui déconcerta ceux qui venaient lui
disputer, devant son évêque, ce qui avait été le
vœu de toute sa vie ; et lorsque, dans le cours de la
discussion, il apprit qu'une seule série de quatorze
hommes était tout le personnel qu'on possédait ailleurs pour l'adoration perpétuelle, et qu'il n'était
question que d'une seule nuit par mois : « Tel
n'est pas mon dessein, dit-il : quand j'ai résolu de
fonder l'œuvre de l'adoration, j'ai eu l'intention
de la rendre perpétuelle dans toute l'acception du
mot, d'exposer le Saint-Sacrement jour et nuit,
sans interrompre un seul instant ce pieux exercice. — Mais où trouverez-vous des hommes en
assez grand nombre pour exécuter ce projet, lui

répondit-on? Il y a six mois que nous nous don-
nons beaucoup de peine, et nous n'en avons
encore que quatorze. — Eh bien! répliqua l'abbé
Soulas, je m'engage à avoir demain à ma disposition plus de deux cents hommes. » Cependant
on insistait encore, et déjà la partie allait être
perdue, quand l'homme de Dieu tombe subitement à genoux, et, dans un élan sublime de foi
et de piété, il s'écrie : « Mon Dieu! qu'on m'ar-
rache les entrailles si l'on veut; mais qu'on me
laisse mes pauvres et le bonheur de vous adorer
et de vous faire adorer par eux, toutes les nuits,
dans votre Saint-Sacrement (1). » Puis, se tour-
nant vers son évêque, toujours dans la même atti-
tude : « Monseigneur, lui dit-il, si vous m'enlevez
l'adoration perpétuelle, vous me tuez, vous tirez
la dernière goutte de mon sang; que l'on adore
le Saint-Sacrement autant de nuits que l'on voudra
avec les riches et les grands du siècle ; moi, je
vous demande la permission de l'adorer tous les
jours avec mes sœurs et mes cuisinières, et toutes les nuits avec mes travailleurs de terre et mes
pauvres artisans (2)! » La question ainsi posée
fut, on le pense, bien vite tranchée en sa faveur.

(1) Notice par M. Bouisset, vicaire-général.
(2) Notice par M. Emmanuel d'Alzon.

Monseigneur mit fin aux débats, et décida que les réclamants feraient l'adoration dans leur chapelle et l'abbé Soulas dans la sienne. Mais les premiers ne se sentirent pas le courage d'aller plus loin; ils abandonnèrent leurs prétentions, et l'adoration perpétuelle fut établie dans la chapelle de Saint-Charles.

Pendant la première semaine, on dut s'occuper d'organiser les séries. Tous les soirs, au salut du Saint-Sacrement, l'affluence était si considérable, que l'église ne pouvait suffire pour contenir la foule qui se pressait recueillie devant le nouveau trône de la charité d'un Dieu plein d'amour pour les hommes. A ce moment solennel, tantôt l'abbé Soulas et tantôt son collègue, adressait, aux adorateurs prosternés, une de ces allocutions chaleureuses qui remuent le fond des cœurs, et bientôt hommes et femmes accoururent pour se faire inscrire sur les registres de l'œuvre; dans moins d'une semaine, le nombre des adorateurs des deux sexes s'élevait au chiffre de douze cents.

XI.

Une autre œuvre non moins importante que celle-ci se fondait en même temps, ou plutôt s'agrandissait, sous la direction de nos zélés missionnaires : c'est l'œuvre de la Persévérance, qui devait être le plus ferme appui de l'adoration perpétuelle et assurer son triomphe. Elle fut fondée dans le but de mettre les hommes et les jeunes gens dévoués à la pratique des sacrements à l'abri des mauvais exemples et des occasions dangereuses, hélas ! si fréquentes au milieu du monde. Œuvre éminemment chrétienne, elle est devenue une nécessité pour la religion, surtout dans les grands centres de population où il est impossible de conserver un noyau de bons chrétiens parmi les jeunes gens, si l'on n'a pas soin de les entourer de plus d'attentions et de plus de sollicitude. C'est pourquoi le clergé s'applique aujourd'hui aux œuvres de persévérance, les regardant comme un puissant moyen pour le prêtre d'exercer son influence salutaire au milieu de la société.

Cette œuvre fut essayée à Montpellier, comme

nous l'avons déjà dit, dans une des grandes paroisses de cette ville. On la destina d'abord aux adolescents qui étaient admis à la première communion, et c'est alors qu'elle attira les regards de l'abbé Soulas, qui la prit vivement à cœur, et qui voulut en étendre les bienfaits à toutes les paroisses de la ville.

Cette congrégation, qui se compose aujourd'hui de plus de deux cents membres actifs et de trente membres honoraires, eut pour première pratique l'adoration perpétuelle. L'assemblée a lieu tous les quinze jours dans la chapelle du Saint-Sacrement. Un des directeurs y fait une instruction en forme de conférence sur un des devoirs de la vie chrétienne; des chants solennels, exécutés avec ensemble, ajoutent à l'éclat de cette belle réunion d'hommes, et l'on ne se retire ordinairement qu'après avoir reçu la bénédiction du Très-Saint-Sacrement.

Mais indépendamment de cette réunion destinée à réchauffer les cœurs des vrais disciples de Jésus-Christ, la congrégation a un local connu sous le nom de *Cercle catholique*, situé dans l'établissement des Pères-Adorateurs-Missionnaires, où MM. les Persévérants trouvent tous les moyens de passer agréablement leurs récréations, sans aller compromettre leur piété au milieu des cercles mondains, tels que cafés, bals, théâtres, promenades publiques et autres, qui sont toujours pleins de dangers, surtout de nos jours, pour les cœurs encore faibles et inexpérimentés. Là sont réunis tous les jeux honnêtes, dont on use avec modération, sans compromettre la bourse et sans violer les règles de la sobriété chrétienne. Une jolie bibliothèque, composée d'ouvrages excellents de religion et de littérature, est mise à la disposition des sociétaires. Une chapelle, érigée en l'honneur de la sainte Vierge, leur sert d'oratoire; on y fait tous les jours la prière du soir en commun et une lecture spirituelle, remplacée de temps en temps par une instruction familière adressée par un de MM. les Directeurs. On voit que l'esprit et le cœur ne sont pas négligés, et qu'ils ont leur repos aussi bien que le corps, dans ces récréations nécessaires. L'union la plus étroite règne parmi tous les membres de cette congrégation modèle, et les règles de la politesse y sont pratiquées tout naturellement; car la religion est la meilleure gardienne de la bonne éducation. Là où elle est en vigueur se trouve toujours la paix et la charité, et telle est la différence qui existe entre les sociétés chrétiennes et les sociétés du monde.

L'abbé Soulas encourageait de tous ses efforts

cette congrégation, appelée avec juste raison par les hommes intelligents *l'œuvre des œuvres ;* il ne tarda pas à se convaincre qu'elle était un des plus puissants moyens de moralisation pour les masses, et toutes les fois que l'occasion se présenta de lui témoigner son attachement comme à toutes ses autres institutions, il le fit avec son dévouement ordinaire, qui se traduisait en lui toujours par des sacrifices.

Cette œuvre eut ses détracteurs comme toutes les autres ; il le fallait bien, puisqu'elle avait pris naissance dans le désintéressement de ceux qui l'avaient fondée ; elle eut ses épreuves, et en cela elle prouvait qu'elle venait de Dieu. Mais grâce à l'appui de Mgr l'Évêque, grâce au concours des hommes de bien et surtout aux résultats qu'elle a su réaliser dans l'intérêt de la société et de la famille, l'œuvre de la Persévérance est dans un état florissant de prospérité et promet à la religion des consolations plus abondantes encore que par le passé.

Avant sa mort, l'abbé Soulas avait manifesté le désir de perfectionner cette œuvre de la Persévérance, en créant une seconde division, destinée à recevoir les enfants au sortir de la première communion jusqu'à l'âge exigé pour entrer dans la congrégation des jeunes gens et des hommes.

Dieu ne lui a pas donné le temps d'exécuter une
si belle pensée, mais espérons qu'il l'inspirera à
un homme de zèle. Alors l'œuvre de la Persévérance sera complète; elle aura pour ainsi dire son
école préparatoire et augmentera le nombre des
disciples de l'Évangile et des vrais adorateurs qui
se dévouent au service de Dieu et à la culture des
vertus chrétiennes.

Cependant les œuvres fondées par l'abbé Soulas,
bénies de Dieu et entourées de l'estime générale,
faisaient de rapides progrès et se montraient de
plus en plus dignes de la confiance qu'elles avaient
su conquérir.

Les Sœurs Gardes-Malades surtout augmen-
taient considérablement. Le nombre des postulantes était arrivé à un chiffre si élevé, que leur
fondateur ne doutait plus de la perpétuité de son
œuvre. Dieu, par une de ses miséricordes particulières, donna beaucoup plus d'extension à cette
congrégation religieuse. En 1850, il inspira à
M. de Surville de doter son pays des Sœurs
Gardes-Malades. Sa pensée se porta sur la communauté qui existait déjà dans le voisinage, à
Montpellier; il voulut bien obtenir l'autorisation de Mgr l'Évêque, et offrit à l'abbé Soulas
toutes les ressources nécessaires pour cette fondation. Six sœurs furent envoyées d'abord à

Nimes; elles furent placées sous sa paternelle protection et sous la direction spirituelle du vénérable chanoine, M. Couderc de la Tour-de-Lisside. D'autres sœurs furent bientôt nécessaires, et le Conseil municipal a jugé déjà l'œuvre si utile, qu'il a voté une somme en sa faveur. A l'heure qu'il est, plus de vingt sœurs donnent leurs soins aux malades, dans cette succursale, et elles sont réclamées avec autant d'empressement par les protestants que par les catholiques.

Dans la même année, une nouvelle maison fut érigée à Cette ; elle resta trois mois inconnue. Mais Dieu a voulu récompenser la constante humilité des sœurs, et aujourd'hui plus de quinze sont souvent insuffisantes pour les malades qui demandent à être servis par elles.

La ville de Lodève vient aussi de leur ouvrir ses portes, au mois de décembre 1856. Là elles ont été reçues avec enthousiasme par le clergé et par les habitants, qui se sont empressés de mettre leur zèle à contribution. Espérons que, dans cette succursale, comme dans toutes les autres, leurs succès ne seront pas au-dessous de leur réputation, et que les services qu'elles rendront aux familles feront bénir et leur dévouement et la mémoire du saint prêtre qui les a fondées.

Enfin, Clermont-l'Hérault se prépare à les

placer à la tête de son bureau de bienfaisance. Déjà de nombreuses souscriptions vont les mettre en mesure de se trouver dans cette ville un local convenable. Les administrateurs y rivalisent de zèle avec les prêtres de cette grande paroisse pour hâter le jour de leur installation. Notre livre sera à peine publié qu'elles exerceront peut-être déjà leur bienfaisant ministère auprès des malheureux et des pauvres de cette succursale.

Mais la principale cause de ces récents succès obtenus par les Sœurs Gardes-Malades, doit être attribuée, d'après l'abbé Soulas lui-même, au généreux dévouement qu'elles ont montré au milieu des populations décimées par le choléra de 1854 et 1855 (1). Il est impossible de trouver plus d'impétuosité dans le zèle et d'intelligence dans le service que n'en ont montré ces âmes vraiment héroïques, au chevet des malades, dans une époque de désolation telle, que les cœurs les plus intrépides prenaient la fuite pour se mettre à l'abri du danger. Elles étaient toujours à leur poste ; nuit et jour, elles se transportaient d'une maison à l'autre, sans jamais se laisser abattre par les spectacles que la mort semblait

(1) Pézenas, Aniane, Murviel.

accumuler sous leurs yeux. « Ce ne sont pas des femmes, disait un jour le maire d'une de ces malheureuses contrées visitées par le fléau, ce sont des soldats ; elles ont un courage au-dessus des forces humaines. » Nous pouvons ajouter que le vœu le plus ardent de ces anges de charité était de mourir les armes à la main.

Une d'entre elles, la bonne sœur Gertrude, fut victime de son zèle : elle cueillit à Aniane la palme glorieuse du martyre de la charité. Entrée dans la communauté le 18 septembre 1847, elle fit ses vœux le 7 octobre 1848, et mérita par sa conduite, son zèle pour la maison, d'être tour à tour supérieure de Béziers et de la colonie agricole. Mais sa santé ne lui permettant pas de continuer ces pénibles fonctions, elle fut placée par les supérieurs directrice des jeunes orphelines. Elle était à la tête de cette maison naissante quand elle demanda comme une grâce, à la mère générale, la permission d'aller à Aniane pour soigner les cholériques. Elle fit tant d'instances que la supérieure céda et la laissa partir avec trois autres sœurs choisies parmi toutes les autres. Vingt-quatre heures après son arrivée, elle fut frappée en soignant un malade, et mourut dans quelques instants, munie des sacrements de l'Église. L'abbé Soulas vit dans cette mort comme la consécration

de toutes ses œuvres et surtout de la congrégation des Gardes-Malades.

. Ce dévouement porta son fruit. Des vocations
arrivèrent plus nombreuses encore. Aujourd'hui,
la congrégation se compose de cent soixante sœurs
et d'une vingtaine de postulantes.

XII.

L'abbé Soulas ne pouvait constater tous ces nouveaux succès sans témoigner à Dieu sa plus vive reconnaissance, mais il le fit à la manière d'un fondateur toujours riche en miséricorde ; il créa une œuvre nouvelle destinée à devenir aussi importante que son œuvre des Matelles. Il prospérait ; la Providence lui avait appris à ne point se défier de sa puissante protection, et ses sœurs, devenant plus nombreuses, pouvaient réaliser de plus grandes économies ; c'est pourquoi il résolut de faire pour les jeunes filles ce qu'il avait fait pour les jeunes garçons de la colonie. A peine conçue, cette pensée fut réalisée. Cette fois la charité vint à sa rencontre avec plus d'abandon que jamais. Une dame apprend que la maison naguère habitée par les demoiselles de l'École normale allait tomber en des mains mercenaires, qui se proposaient de l'exploiter au détriment de la foi catholique ; aussitôt, par une pensée venue du Ciel, elle achète elle-même la propriété avec son jardin et ses dépendances et la donne à l'homme de Dieu, qui savait si bien protéger les pauvres victimes du malheur. L'abbé Soulas, transporté de joie, réunit sur le champ un nombre considérable de jeunes filles, et vers le commencement de l'année 1856, entouré de ses prêtres et de ses religieuses, il les installa solennellement dans le nouvel asile de la charité. Après la messe, un des missionnaires porta la parole devant cette assemblée si intéressante, et à la clôture de la cérémonie, une dame vint offrir à l'abbé Soulas une somme de 500 fr. pour l'aider à faire les premiers frais, en lui disant : Voilà le fruit du sermon que je viens d'entendre. Cet exemple eut d'autres imitatrices, et bientôt la maison se trouva assez bien fournie pour recevoir une soixantaine de jeunes orphelines. De tels résultats sont de véritables prodiges, et rappellent ce qu'on nous raconte de l'admirable fécondité de saint Vincent de Paul.

Comme ce saint fondateur, dont il fut un imitateur fidèle, l'abbé Soulas ne pouvait voir, sans ressentir une profonde douleur au fond de son âme, le sort des pauvres mendiants, dont la plupart, pour prélever avec peine l'obole nécessaire à leur entretien, vivent éloignés des spectacles de la religion, et sont par conséquent privés de puissants moyens pour supporter patiemment les amertumes de la vie. Il savait combien ces hommes malheureux sont voisins de la dégradation, quand ils n'y sont pas déjà plongés, et combien il est nécessaire pour leur salut de les rapprocher des pensées de la foi. Mais à peine Dieu lui avait-il inspiré ces pensées douloureuses et la résolution de remédier à tant de maux, qu'il lui tendit de nouveau la main pour l'aider dans sa louable entreprise ; car un vieillard vénérable, possesseur d'une grande fortune, vint un jour lui offrir une rente annuelle pour l'entretien d'une œuvre de mendiants. Quelques dames dévouées promirent aussi leur concours, et bientôt l'abbé Soulas convoqua tous les lundis, dans une des grandes salles de son couvent, jusqu'à trois cents pauvres, auxquels il adressait toujours, par lui ou par un de ses prêtres, une instruction familière sur les devoirs de la religion et sur la manière de se sanctifier au milieu de leurs peines et de leurs privations ; c'est alors qu'après avoir commencé par l'aumône spirituelle, il achevait par l'aumône matérielle ; il la déposait lui-même dans la main de chacun d'eux. Il aimait tellement ces pauvres mendiants, qu'il se délectait toutes les fois qu'il pouvait les grouper autour de lui. Plus tard, quand il fut en possession de la maison des orphelines, située au Carré-du-Roi, il put

disposer d'une nouvelle chapelle, et par conséquent perfectionner son œuvre, en obligeant les
mendiants à venir y entendre la sainte messe.
Il leur assurait ainsi, avec la parole de Dieu et
l'aumône matérielle, l'accomplissement d'un devoir si sacré pour tous, et dont un grand nombre
se dispensait auparavant sous le plus léger prétexte. Que de fois n'a-t-il pas eu la pensée de
fonder un hôpital dans un de ses établissements
pour les vieillards abandonnés ! Il le leur proposait de temps en temps au milieu de leur réunion. Cette œuvre serait déjà prête si ces pauvres
vieillards eussent voulu renoncer à leur vie si
vagabonde et si aventureuse. Mais l'habitude de
l'indépendance leur a fait toujours repousser cette
invitation de la charité ; et qui ne sait que, pour
ces malheureux ainsi livrés à eux-mêmes, le mot
d'*asile* et d'*hôpital* est pris en mauvaise part? Et
pourtant, à combien de désordres et de privations
ces hommes si déshérités de la fortune n'échap-
peraient-ils pas, s'ils étaient un peu plus raison-
nables !

« Un prêtre vénérable crut devoir se plaindre
à l'autorité de ce que M. Soulas attirait trop de
monde dans sa chapelle. Celui-ci est mandé,
des explications sont exigées : « Monseigneur,
répond-il, je vais vous indiquer un moyen de

remplir les églises : qu'au lieu de faire payer les chaises, on donne, comme je le fais, deux sous à tous les pauvres qui viennent à mes instructions, les auditoires seront bientôt nombreux et les pauvres seront évangélisés. » L'évêque sourit, et l'abbé Soulas continua de remplir sa chapelle de pauvres, qui, loin de payer les chaises, étaient payés, au contraire, pour venir s'y asseoir (1). »

Cependant la maison de Saint-Charles devenait de plus en plus insuffisante pour loger les sœurs, et malgré le nombre des succursales qui déchargeait la maison mère d'un trop grand personnel, les sœurs qui restaient et celles qui arrivaient comme postulantes y étaient les unes sur les autres, au point de rendre le service de la maison bien difficile et de compromettre la salubrité du local. Il fallut donc songer à un agrandissement indispensable. Le couvent de Saint-Charles était attenant à l'ancien établissement de l'École normale des jeunes gens, que le propriétaire venait de mettre en vente. Ce vaste bâtiment, qui faisait partie de l'ancien couvent avant la révolution de 89, n'en était séparé que par un mur de clôture. On l'avait mis à un prix très-élevé, 55,000 fr. L'abbé Soulas ne s'effraie pas ; l'occasion était trop favorable pour

(1) Notice par M. Emmanuel d'Alzon.

la laisser échapper. Pouvait-il d'ailleurs ne, pas compter sur Dieu, lui qui était comme l'enfant gâté de sa Providence? Il s'entendit donc avec la mère fondatrice de ses sœurs, et la maison fut achetée. Le Ciel lui prouva bientôt qu'il avait eu raison de ne pas se défier de son secours, car, dans moins d'un an, les 55,000 fr. furent trouvés et versés entre les mains du propriétaire. Une dame anonyme lui avait envoyé, huit jours après le contrat de vente, 15,000 fr. pour un premier à-compte.

Et cependant il n'y avait pas longtemps que les sœurs avaient fait l'acquisition d'une campagne considérable, qui devint une succursale de la colonie des Matelles. Cet établissement, connu sous le nom de *Bon-Secours,* à six kilomètres à peu près de la ville, fut pendant quelque temps l'asile des orphelins, qui, à cause du nombre toujours croissant des jeunes pénitenciers envoyés par le Gouvernement, furent obligés de céder une grande partie de leur quartier. Cette succursale fut élevée comme par enchantement; et une jolie chapelle, bâtie par les soins d'une famille très-dévouée aux œuvres de l'abbé Soulas, en facilitant le culte de la religion aux habitants de Bon-Secours, rend un éminent service aux propriétaires et aux métayers de toutes les campagnes voisines, qui, le dimanche, y vont en foule pour entendre le saint Sacrifice de la messe.

Cette translation des orphelins à Bon-Secours permit d'en recevoir un plus grand nombre ; mais l'abbé Soulas eut besoin de surveiller son cœur et de le mettre à l'abri d'une foule de sollicitations auxquelles il n'eût pu résister s'il eût été toujours livré à lui-même. La compassion et la bonté lui étaient si naturelles, qu'il dut fuir les occasions et se lier les bras pour être plus tranquille.

C'est dans ce but qu'il forma un petit conseil d'administration composé de quelques-uns de ses prêtres et de quelques Messieurs de la ville, recommandables par leur piété et par leur foi généreuse. C'est derrière ce petit conseil que l'abbé Soulas se réfugiait quand il était assailli par des demandes ou des réclamations importunes, et les lumières de ces hommes désintéressés, dont la seule récompense était l'honneur et le plaisir de faire quelque chose pour Dieu, contribuèrent à rectifier les défauts qui avaient pu s'introduire dans la direction des œuvres. Mais qu'il était difficile à cet homme de ne pas échapper à cette surveillance ! Que de fois encore, malgré son conseil, n'introduisit-il pas gratuitement des orphelins dans son établissement ! « Un de plus, disait-il, passera sur le nombre ; on ne s'en aper-

cevra pas. » On s'en apercevait bien ensuite ;
mais l'enfant restait à l'orphelinat. L'abbé Soulas
appelait cela *attraper son conseil.*

Les choses ne devaient pas rester longtemps
sur le même pied. Malgré la vigilance de l'abbé
Soulas, malgré les efforts d'un aumônier plein
de zèle et la surveillance sévère des gardiens,
les jeunes détenus ne donnaient pas assez de
consolations pour qu'on se flattât de réaliser les
résultats sérieux de moralisation et d'éducation
chrétienne qu'on se proposait. C'était une grande
peine pour l'abbé Soulas quand il apprenait l'éva-
sion de quelqu'un de ces enfants, dont il se regardait comme responsable aux yeux de la loi
et de la religion. Il les avait reçus avec hésitation
dans son établissement, se promettant bien de les
renvoyer s'il s'apercevait que l'action du prêtre
ne fût pour eux un moyen de correction plus
puissant que les peines coërcitives. Il attendit
quelque temps encore. Mais, enfin, il fit des
démarches, combina ses projets, et au mois de
septembre 1856, les détenus sortaient de la
colonie et cédaient la place aux jeunes orphelins, remplacés à leur tour par les orphelines
dans l'établissement de Bon-Secours. Tout ren-
trait dans l'ordre et dans les pensées primitives ,
de la fondation.

Qui n'admirera ici la promptitude avec laquelle les œuvres de l'abbé Soulas furent conçues et exécutées? En présence de ces merveilles de sa charité, on ne peut que s'écrier avec le Prophète : *C'est le Seigneur qui a fait toutes ces choses, et nos yeux en sont frappés d'admiration. A Domino factum est istud et est mirabile in oculis nostris.*

Cette admiration fut partagée non-seulement par ceux qui ont été témoins de toutes ces œuvres étonnantes, mais encore par ceux qui, plus éloignés de nous, ne connurent l'abbé Soulas que par le bruit de ses succès. « Lors du passage à Montpellier (2 octobre 1852) de S. M. Napoléon III, alors président de la République, il reçut de ses mains la décoration si bien méritée, mais pour lui si inattendue, de la croix de la Légion d'honneur. Aussi, lorsque le prince daigna la placer lui-même sur cette noble poitrine, ce prêtre si modeste recula d'épouvante, et lui dit avec une sublime naïveté : « Mais, Monseigneur, vous vous trompez en me donnant cette croix : je n'ai rien fait pour la mériter ! » Et comme le prince lui dit qu'il était informé de tout le bien qu'il avait déjà fait par ses œuvres, M. Soulas repartit avec une sainte hardiesse : « Monseigneur, je vous en supplie, gardez cette croix. Ne pensez pas à moi, mais pensez à mes pauvres ! » Cette modestie ne s'est pas démentie un seul instant jusqu'à la fin de sa vie ; et quand, dans quelques rares circonstances, il a dû se résoudre au sacrifice, pour lui si grand, de paraître en public avec ces insignes, il s'industriait saintement à les cacher à tous les yeux, en les couvrant de sa ceinture, qu'il remontait alors à la hauteur de sa poitrine (1). »

Mais, comme on le voit, le mobile de cette modestie était toujours la charité. Il aurait donné tous les honneurs du monde pour un morceau de pain en faveur des pauvres. Ainsi, quand son évêque le nomma chanoine de second ordre, le 15 décembre 1851, en sortant de l'évêché, le jour même où il reçut son titre, il avait un air si soucieux qu'un des serviteurs de la maison ne put s'empêcher de lui en témoigner son étonnement. « Monseigneur, lui répondit-il, a beaucoup de bonté pour moi en m'élevant à la dignité de chanoine, mais la dépense de mon costume s'élèvera peut-être à la valeur de deux sacs de blé ; ce sera tant de perdu pour mes orphelins. » Mgr Thibault, à qui l'on fit part de cette réponse, se montra si réjoui des sentiments de son excellent prêtre, qu'il lui envoya sur-le-champ un messa-

(1) Notice par M. Bouisset, vicaire-général.

ger pour le tranquilliser et lui dire de donner
toujours du pain à ses orphelins, sans se préoc-
cuper de son costume, dont il ferait lui-même les
frais. Cette gracieuseté de son évêque le rendit
doublement heureux. Il y vit une nouvelle preuve
de haute affection et une approbation solennelle
de ses intentions si charitables.

XIII.

Cependant l'abbé Soulas pressentait que les jours de son pèlerinage sur la terre ne devaient pas être longs. De loin en loin, le mal semblait l'avertir de se tenir prêt à recevoir la couronne due à ses travaux apostoliques. Son existence n'était plus qu'une suite de chutes et de rechutes, dont il ne se relevait que pour entrer dans un état de convalescence toujours imparfaite; et pourtant, si on l'eût laissé faire dans ces quelques heures d'épanouissement, il aurait travaillé, fatigué, prêché, comme dans les premières années de son sacerdoce. Mais Mgr l'Évêque, qui lui portait l'attachement d'un père et qui en avait la sollicitude, se fit un devoir de surveiller le zèle de ce digne coopérateur, pour le retenir dans de justes bornes. C'est pourquoi il lui interdisait de temps en temps l'exercice de la prédication et des autres fonctions du saint ministère; et, afin d'être plus promptement obéi, il le menaçait quelquefois des peines canoniques, s'il venait à enfreindre ses justes prescriptions.

Mais il était trop tard, et malgré ces sages pré-
cautions du premier pasteur, la santé de l'abbé
Soulas allait en déclinant de jour en jour et faisait croire à une catastrophe plus ou moins prochaine ; il était réduit à ne pouvoir annoncer
la parole de Dieu pendant un quart d'heure sans
s'exposer à un dérangement grave, suivi toujours
d'une grande prostration de forces. Dans ces moments si pénibles pour son zèle, il se consolait
en voyant accomplir par ses dignes collaborateurs
ce qu'il ne pouvait faire lui-même.

C'est à cette époque qu'un ancien missionnaire
du diocèse, M. l'abbé R....., qui avait été obligé
de faire trève avec ses travaux pour rétablir sa
santé, rentra à Montpellier, après une longue
absence, pour s'enrôler encore sous l'étendard des
œuvres apostoliques. Ce prêtre, si distingué par
ses talents aussi bien que par ses vertus, dont la
voix avait retenti avec succès dans les chaires les
plus importantes d'un grand nombre de diocèses
de France, désirait consacrer ce qui lui restait de
forces à la conquête des âmes. L'abbé Soulas fut
heureux de l'adjoindre à ses prêtres, et il put
encore être le témoin de l'ardeur toute juvénile,
avec laquelle ce respectable vieillard affronte les
travaux si fatigants de la prédication à un âge
où tant d'autres ont besoin de se reposer.

Entouré de ses prêtres, de ses sœurs, de ses orphelins, de ses pauvres mendiants, l'abbé Soulas était devenu le père d'une grande famille, dans laquelle il se considérait, aux yeux de la foi, comme le plus heureux des hommes. En effet, il porta ses regards en arrière, il vit de quelle manière la Providence l'avait puissamment aidé dans ses entreprises, en les bénissant à leur naissance et en favorisant leurs progrès. Alors il crut que le moment était venu pour lui de diriger toutes ses pensées vers une œuvre qui devait couronner ses autres institutions et consolider l'adoration perpétuelle du Très-Saint-Sacrement, à laquelle il tenait du fond de ses entrailles. C'était son rêve depuis bien longtemps. L'exiguité de la chapelle de Saint-Charles, l'irrégularité de sa construction, nécessitaient un nouveau temple, plus digne de la majesté du Très-Haut et du nombre toujours croissant de ses adorateurs. S'il n'avait pas encore réalisé ce projet, c'est qu'il avait voulu avant tout affermir ses autres œuvres, auxquelles il avait cru devoir réserver les sacrifices nombreux qu'il s'était imposés. Maintenant que chaque chose était à sa place, il pouvait, sans porter atteinte à la prospérité de ses établissements, s'occuper des décorations de la maison de Dieu. Il le fit avec la facilité et la rapidité d'un homme accoutumé à braver tous les obstacles avec le secours de la divine Providence.

Cependant il hésitait pour savoir quelles proportions il devait donner à ce nouvel édifice, et quel genre d'architecture il pourrait adopter. S'il consultait sa modestie, elle l'engageait à faire les choses avec la plus grande simplicité ; s'il interrogeait sa foi et l'ardeur de sa charité, il se sentait entraîné à déployer une grande magnificence. Quelle était donc la volonté de Dieu ? C'est ce qu'il se demandait sans cesse, et comme il ne voulait jamais tenter le Ciel, il examinait les ressources qu'il avait entre ses mains, et elles étaient si peu considérables qu'il lui semblait que Dieu n'exigeait que quelques agrandissements de peu d'importance à son ancienne chapelle. On le pressait cependant ; on lui disait de ne pas calculer et de commencer sans s'inquiéter de l'avenir, en l'assurant que Dieu, qui ne lui avait jamais fait défaut, ne l'abandonnerait pas dans cette circonstance. C'était le moyen le plus en harmonie avec sa foi. Il assemble donc toutes les adoratrices du Saint-Sacrement, leur fait part de son dessein, les excite avec son éloquence ordinaire à contribuer de tout leur pouvoir à la construction d'un nouveau sanctuaire en l'honneur de la divine Eucharistie. A cet effet, un tronc est établi au milieu de la chapelle; riches et pauvres s'empressent d'apporter leur pierre plus ou moins précieuse, mais cette souscription volontaire n'était pas encore suffisante pour permettre d'exécuter un plan grandiose, tel que sa vive foi l'aurait désiré. Enfin, après bien des hésitations, il va trouver un jour la supérieure générale de ses sœurs; il l'engage à prier avec ses filles à son intention, et à offrir quelques communions ferventes pour que la volonté de Dieu ne tarde pas à se faire connaître par un signe extérieur. De son côté, il prend la résolution d'offrir le saint Sacrifice de la messe pendant huit jours pour la même fin. Une voix semblait lui dire au fond de son cœur, que quelque chose d'extraordinaire aurait lieu avant la fin de la semaine. Ce pressentiment ne le trompa pas. Avant le quatrième jour, une riche personne de la ville rendait le dernier soupir, et laissait par testament à l'abbé Soulas un legs de 8,000 fr. D'autres dons importants vinrent se joindre à celui-ci, et l'octave projetée n'était pas encore accomplie, que l'abbé Soulas avait déjà entre ses mains une somme de 20,000 fr. pour commencer son église. Mais il est impossible de peindre la joie qui inonda son cœur, quand il reçut du Ciel une telle réponse à ses prières! Il comprit que toutes les difficultés s'aplaniraient devant lui. La volonté de Dieu étant donc connue, il ne lui restait qu'à se mettre à l'œuvre.

M. Polge (Numa), membre de la congrégation de Persévérance et architecte dans la ville de Montpellier, fut choisi pour tracer les plans de la nouvelle chapelle et pour en diriger les travaux. Grâce à ses talents incontestables et à ses études profondes sur l'art chrétien, ce jeune homme, si plein d'avenir, présenta le dessin d'une charmante église dans le style ogival du XIIIe siècle. L'abbé Soulas hésita longtemps avant de consentir à l'accomplissement de ce projet, qu'il regardait encore comme au-dessus de ses forces ; mais enfin, encouragé par ses amis et surtout par les bienfaiteurs de ses œuvres qui, comme d'ordinaire, lui disaient d'aller en avant, il se décida à renoncer à tant d'autres projets qu'il avait fait étudier à son architecte, pour s'arrêter à ce dernier.

Bientôt une grande salle du couvent, dans la partie de l'ancienne École normale, qui communiquait avec la rue des Carmes, fut choisie provisoirement pour l'exercice du culte pendant tout le temps de la nouvelle construction. Ce fut au mois d'août 1856, qu'on posa la première pierre de la chapelle du Saint-Sacrement, sur l'emplacement de l'ancienne, en la prolongeant jusqu'aux limites du couvent de Saint-Charles, du côté de la rue qui porte ce nom. Les excellents ouvriers qui furent employés à cette œuvre d'un si bon goût, activèrent tellement les travaux que, dans moins de huit mois, la construction était achevée et n'attendait plus que les bénédictions et les prières de l'Église pour être livrée au culte.

Pendant tout ce temps, l'abbé Soulas, comme s'il en avait été instruit par une révélation particulière, pressait les choses de manière à faire croire qu'il n'aurait pas le bonheur de voir son œuvre terminée ; il manifestait souvent sa crainte aux ouvriers, qu'il allait visiter tous les jours : « Dépêchez-vous, leur disait-il ; j'ai peur de mourir avant la fin de vos travaux. » D'autres fois il leur disait : « Je ne demande maintenant à Dieu que la grâce de vivre assez pour assister à la bénédiction de mon église. » C'est que de temps à autre le mal lui donnait des avertissements solennels qui semblaient le confirmer dans la crainte de sa mort prochaine.

Enfin, vers les derniers jours du mois de mars, la chapelle du Saint-Sacrement fut terminée et l'on put y dresser le monument du Jeudi-Saint, en attendant que la sécheresse des murs permît de la rendre à sa destination. Quand l'abbé Soulas se présenta devant ce nouveau temple, débarrassé

de tous ses échafaudages, il fut comme ravi en
extase. L'effet de cette voûte si élancée et si
éclatante de blancheur, de ces colonnes si hardies
et si gracieuses, de ces nervures se jouant en sens
divers et dessinant les formes de l'ogive; l'éclat
des élégantes fenêtres aux mille couleurs, où
sont peints les principaux emblêmes de l'Eucharistie et les premiers patrons des œuvres de la
maison; l'aspect imposant de l'autel, dont le mar-
bre, plus éclatant que la neige, ne semble faire
qu'un seul corps avec le riche pavé du sanctuaire;
la splendeur du baldaquin posé sur le tabernacle,
dont la flèche, dentelée et ornée de figures emblé-
matiques d'or et d'argent, n'a pas de rivales dans
le diocèse : tout cela frappa tellement l'imagination de l'abbé Soulas, si peu préparé à de telles
impressions, qu'il ne pouvait mieux traduire ses
transports de joie et de bonheur que par des cris
spontanés et des larmes abondantes. On le surprit
un soir baisant respectueusement tous les murs
de la chapelle; un autre jour, au milieu de ce
sanctuaire, se croyant toujours seul, il chantait
avec un entrain extraordinaire le cantique du
vieillard Siméon : *Nunc dimittis servum tuum
Domine secundum verbum tuum in pace.* Car,
pour lui, le souverain bonheur était de pouvoir
contempler, au milieu de toutes ces merveilles,

le Dieu de l'Eucharistie qu'il avait tant aimé et
pour lequel il avait su créer, par sa foi si ardente,
les merveilles dont il était entouré. Ses vœux
furent exaucés, et l'abbé Soulas put adorer quelques jours, dans sa nouvelle église, le cœur de
son divin Maître.

La cérémonie de la bénédiction fut fixée au jeudi
23 avril, dans la seconde semaine après Pâques.
Mgr l'Évêque, qui aurait tant aimé de présider
cette fête solennelle, atteint depuis plusieurs
jours d'une indisposition assez grave, ne put remplir sa promesse ; ce fut un de ses archidiacres,
M. l'abbé Raynaud, qui le remplaça. La bénédiction eut lieu en présence d'un nombreux clergé
et d'une grande foule de fidèles accourus de tous
les points de la ville pour partager la joie de l'abbé
Soulas et celle de ses enfants. C'était une bien
belle fête ; qui eût dit qu'elle serait suivie d'un si
grand deuil ? Le soir, à l'issue des vêpres, avant
la bénédiction du Saint-Sacrement, l'abbé Soulas,
accablé de bonheur, prit la parole pour ouvrir son
âme à l'auditoire nombreux et recueilli des adorateurs du Saint-Sacrement. Tout le monde put
remarquer l'altération de sa voix dominée par les
émotions, qui se traduisirent par des larmes. Il
communiqua ses impressions à l'assemblée ; tous
les yeux furent mouillés de pleurs. Nous ne com-

prenions pas encore que l'abbé Soulas nous faisait ses adieux et que le Seigneur, pour le récompenser de sa vie si pleine de mérites , allait l'appeler auprès de son trône pour lui donner, en échange du temple qu'il en avait reçu, le temple éternel de sa gloire.

« Il avait toujours témoigné le désir de mourir en chaire, comme un soldat sur le champ de bataille ; à peine eut-il achevé de parler que les souffrances le reprirent avec une intensité qui ne laissait aucun espoir (1). » L'abbé Soulas allait quitter la terre ; le bonheur l'avait blessé à mort.

(1) Notice par M. Emmanuel d'Alzon.

XIV.

Ce fut le dimanche suivant, 26 avril, après l'office du soir, qu'il avait encore présidé, que le mal se déclara avec plus de force que jamais. Obligé de se mettre au lit, il fut aussitôt sous l'action d'une fièvre cérébrale, dont les symptômes devinrent plus alarmants le lendemain. Cependant, comme de tels accidents s'étaient manifestés quelquefois, surtout vers les dernières années de sa vie, les personnes qui l'entouraient dans cette circonstance aimaient encore à se faire illusion et ne pouvaient croire à la catastrophe qui se préparait. Ce ne fut que le jeudi 30 avril que les progrès du mal ouvrirent les yeux à tous ses amis, quand le médecin, accablé de douleur, fit entendre le mot sacramentel : IL EST PERDU ! Aussitôt la désolation fut dans tous les cœurs ; ses prêtres, ses religieuses, son ami l'abbé B......... se succédèrent sans interruption auprès du malade et l'entourèrent des soins les plus intelligents et les plus affectueux. La supérieure générale des Sœurs Gardes-Malades fit adresser au Ciel, par sa com-

munauté, les prières les plus ferventes, suivies de
communions et d'autres pratiques de piété, pour
fléchir le Ciel et le rendre favorable à leurs vœux.
Elle comprenait que Dieu seul pouvait opérer un
miracle de résurrection et de vie en faveur d'une
existence si précieuse, et elle s'adressait à lui avec
tout l'abandon de son âme désolée mais pleine de
foi. Les prêtres-adorateurs-missionnaires offraient
tous les jours le saint Sacrifice de la messe à cette
intention, tandis que les personnes pieuses joi-
gnaient leurs prières à toutes celles de ces bonnes
âmes. Il leur semblait que des hommes comme
l'abbé Soulas ne devraient jamais mourir. Mais
Dieu trouvait que le fruit était mûr pour le Ciel,
et, loin de se laisser fléchir, il semblait, au contraire, avancer le jour de la récolte.

Cependant l'abbé Soulas ignorait encore qu'il
se débattait entre les bras de la mort. A tout
instant il s'occupait, avec sa sollicitude ordinaire,
de son couvent, de ses prêtres, de sa chapelle.
Il veillait à ce que tout fût disposé pour l'ouver-
ture du mois de Marie, qui devait avoir lieu le
lendemain, et quand on sortait de quelque pieux
exercice, il s'informait avec détail de tout ce qui
s'y était passé.

Le samedi, second jour du mois de mai, le
médecin avertit son entourage que le moment était

venu de songer aux affaires de la conscience.
Déjà, l'avant-veille de ce jour, l'abbé Soulas
avait prié son confesseur, qui le visitait, de l'entendre en confession, comme il avait coutume
de le faire tous les ans à pareil jour, dans le but
de célébrer dignement le mois de Marie ; et il fut
si content de cette action, qu'il dit à la supérieure
générale : « A présent je suis tranquille, j'ai fait
un retour sur toute ma vie. » Aussi, quand l'abbé
B......... se présenta pour lui parler des derniers
sacrements, il fut accueilli avec des témoignages
de reconnaissance. « Vous savez, lui dit cet ami
plein de courage, que nous nous sommes promis
l'un à l'autre de nous avertir de l'heure du danger.
Il y a dix ans que vous avez rempli ce devoir
à mon égard, quand j'étais bien malade ; je
viens vous rendre aujourd'hui ce que vous fîtes
alors pour moi. Cela vous déplaît-il ? — Non,
répondit l'abbé Soulas avec son énergie habi-
tuelle, non ; au contraire, je vous remercie de
tout mon cœur. » — Et comme son ami lui demandait s'il n'avait pas à lui parler en confession :
« Je suis prêt à tout, dit-il ; je n'ai rien sur ma
conscience. »

Aussitôt on descend à la chapelle pour prendre
le Saint-Sacrement, il était près de neuf heures ;
les prêtres et les sœurs de la maison firent cortége

à Notre-Seigneur, et le bon missionnaire reçut le viatique du salut avec un calme et une ferveur angéliques, répondant, avec une lucidité et un aplomb remarquables, à toutes les prières de l'administration et à celles de l'agonie, qui furent dites immédiatement après. On aurait dit que Dieu attendait ce moment pour ordonner à la mort de frapper ses grands coups; car, demi-heure après, le délire commença pour ne plus le quitter.

Le lendemain matin, la douleur fut grande quand on apprit en ville l'état désespéré de l'abbé Soulas; la foule accourut aux sources certaines pour s'informer de la vérité, et elle fut tellement frappée de stupeur, qu'elle ne pouvait se faire à l'idée d'une mort inévitable. Le clergé ne fut pas moins empressé que les simples fidèles : curés, vicaires, aumôniers, chanoines, archidiacres, allèrent se convaincre par eux-mêmes de la cause d'une si grande désolation. Mgr l'Évêque, pénétré de la perte dont il était menacé, arriva en toute hâte pour apporter une dernière bénédiction à cet homme de Dieu, qui avait été le plus modeste, le plus dévoué et le plus obéissant de ses prêtres; il se retira vivement affecté, après avoir puisé dans son cœur quelques paroles de courage et de consolation qui émurent tous les assistants et qui semblèrent réveiller un instant le malade de sa profonde léthargie. Le soir, l'office fut suspendu dans la chapelle du Saint-Sacrement; mais l'église ne désemplit pas de pieux chrétiens qui vinrent s'agenouiller et offrir, avec des cierges, au Dieu de l'Eucharistie les prières les plus ferventes dont des cœurs désolés peuvent être capables.

L'agonie fut bien longue; elle fut surtout bien cruelle pour les prêtres et les sœurs qui ne quittèrent pas un seul instant ce lit de douleurs et d'angoisses. Toute la nuit du dimanche et toute la journée du lundi, l'agitation et le délire persistèrent, malgré les moyens énergiques employés contre le mal par les hommes de la science. Mais ce délire fut digne en tout de celui qui n'avait eu pendant sa vie que la pensée de Dieu. Il saisissait continuellement sa croix de missionnaire placée sur son lit, tantôt il la portait à ses lèvres, tantôt il la pressait contre son cœur, et les mots qu'il répétait sans cesse étaient ces mots solennels : L'ÉTERNITÉ! L'ÉTERNITÉ! Puis, sur le ton de l'éloquence de la chaire, il déclamait une suite de phrases entrecoupées où l'on entendait toujours dominer ces trois mots : DIEU! LE CIEL! L'ÉTERNITÉ! paroles sublimes qui furent constamment à l'ordre du jour dans tout le passé de cet homme apostolique! paroles puissantes qui avaient fait trembler tant de pécheurs et consolé tant de justes pendant le

cours de son ministère! Dans ce moment solennel, son ange gardien aimait à les placer ainsi sur
sa langue glacée pour qu'elles fussent comme le
testament sacré qu'il léguait à ses enfants, comme
la dernière prédication qui devait résonner à leurs
oreilles pendant toute leur vie, et comme un mot
de ralliement qu'il envoyait au Ciel pour y trouver, à son entrée, des avocats sans nombre dans
la personne de tous ceux qu'il y avait introduits à
la lueur de ces grands flambeaux de la foi. Dieu!
le Ciel! l'éternité! Oh! que ces trois paroles
sont éloquentes sur les lèvres d'un apôtre qui va
rendre le dernier soupir!

Enfin, le soir, vers les neuf heures, le malade
entra dans une espèce d'atonie, avant-coureur
de la mort; et demi-heure après, en présence
de ses prêtres et de ses religieuses prosternés aux
pieds de son lit et récitant les sept Psaumes de
la Pénitence, l'abbé Soulas rendait sa belle âme
à Dieu, aux dernières oraisons des Litanies des
Saints, sans trouble, sans râle, sans effort! C'était
bien le sommeil du juste.

Le lendemain, à peine le bourdon de la cathédrale fit-il entendre ses lugubres gémissements,
qu'une foule agitée se précipita dans la chambre
du défunt pour contempler une dernière fois les
traits de l'homme de Dieu. Ce ne fut que le soir

7

qu'on exposa son corps dans la chapelle, revêtue dans toute sa longueur de voiles funèbres. Les sœurs étaient à genoux sur deux rangs autour du cénotaphe et, comme des sentinelles, veillaient à ce qu'on ne touchât à ces précieux restes. Mais elles ne cessaient de faire passer sur le corps du saint prêtre les médailles et les chapelets qui leur étaient remis par les pieux visiteurs. La foule devint si compacte, à l'entrée de la nuit, que les agents de police furent obligés de la faire circuler autour du monument funèbre sans la laisser stationner un seul instant. Pendant cinq heures, des flots de peuple vinrent ainsi saluer la dépouille mortelle du bienfaiteur de l'humanité et du père des malheureux et des pauvres. On évalue à dix mille le nombre des citoyens qui remplirent ce devoir d'estime, de vénération et de reconnaissance. Que de larmes coulèrent en ce moment sur les dalles de ce même sanctuaire où, quelques jours auparavant, avaient retenti les hymnes du triomphe et les cantiques d'actions de grâces!

Les obsèques furent annoncées pour le lendemain à neuf heures et demie du matin. Bien avant l'heure, une foule avide et respectueuse se pressait aux environs de la cathédrale et de Saint-Charles, dans les rues par où le cortége devait se développer. Une députation des vieillards et des

orphelins de l'Hôpital-Général ouvrait la marche,
sublime avant-garde de la charité, bien digne de
celui qui avait tant aimé les pauvres! Venaient
ensuite la confrérie des Madelains, la congrégation de la Mission et la compagnie des Pénitents
bleus, qui réclamèrent l'honneur de porter le
cercueil; puis, toutes les œuvres que l'abbé Soulas avait fondées : la congrégation des domestiques, les jeunes orphelines de Bon-Secours et les
orphelins de la colonie des Matelles, doublement
orphelins ce jour-là. Les Sœurs Gardes-Malades
suivaient ce cortége si intéressant de ces enfants
dont elles sont les mères dévouées. Elles portaient
toutes, ainsi que les enfants des deux orphelinats,
un gros cierge à la main. La douleur la plus profonde était gravée sur le front de toutes ces vier-
ges, au nombre de cent cinquante. A la vue de
cette légion de la charité, les yeux des spectateurs
se remplissaient de larmes. Toute la ville était en
deuil, car toute la ville était là, émotionnée, sur
le passage du prêtre le plus populaire et le plus
chéri. La congrégation de Persévérance, ayant à
sa tête son magnifique drap d'honneur, se dérou-
lait après les sœurs, et avait à sa suite les prêtres-
adorateurs-missionnaires, vivement pénétrés de
la perte de leur supérieur et de leur ami. Enfin,
tous les chanoines honoraires, ceux du second

et du premier ordre, où l'on remarquait MM. les Vicaires-Généraux du diocèse, précédaient le cercueil, escorté d'un détachement de soldats de la garnison, et suivi des membres de la Conférence de Saint-Vincent de Paul et de la Société des Sous-Officiers. Tous ces différents corps portaient leur drap d'honneur immédiatement avant celui du Chapitre cathédral. MM. les Curés de Montpellier conduisaient le deuil, derrière lequel se groupaient tous les prêtres de la ville et de la banlieue, un grand nombre de membres appartenant aux différentes administrations, et enfin une foule innombrable de citoyens de tout rang et de tout âge, jaloux de témoigner, dans cette circonstance, leurs regrets et leur sympathie au bienfaiteur qui sut toujours conquérir leur amour et provoquer si souvent leur admiration.

Après une messe solennelle célébrée dans l'église cathédrale, le cortége funèbre se déroula dans la direction du cimetière Saint-Lazare, à travers les flots immenses de peuple qui semblaient grossir toujours. Le deuil était encore dans l'église quand la première croix s'arrêtait sur le pont de l'Hôpital-Général, lieu où devait se faire la dernière absoute.

Enfin, le clergé s'étant retiré aux portes de la ville, les missionnaires, précédés des jeunes gens de la Persévérance, des Sœurs Gardes-Malades, des orphelins des deux établissements et suivis des soldats qui formaient le piquet d'honneur, reprirent la cérémonie et la continuèrent jusqu'au champ du repos, toujours au milieu des manifestations de la douleur universelle; car nous ne craignons pas d'exagérer, en affirmant que, depuis la mort de Mgr Nicolas Fournier, d'heureuse mémoire, on n'avait rien vu de semblable dans la ville de Montpellier.

Mais si l'unanimité des regrets et les pompes solennelles de la mort, déployées devant nous, pénétraient nos âmes d'un sentiment de désolation, le souvenir des vertus du saint prêtre et du bien qu'il opéra pendant toute sa vie transportait nos pensées vers un monde meilleur, et alors il nous semblait voir l'abbé Soulas, couronné d'une auréole de gloire, se rassasiant du Dieu qu'il avait tant aimé, se plongeant dans son sein avec toute la vivacité de son cœur affranchi, et souriant à ceux qu'il laissait orphelins sur la terre, comme pour leur dire : *Enfants, séchez vos larmes ; car aujourd'hui vous avez un père et un avocat dans les cieux.*

Pendant les trois jours qui suivirent les obsèques, la chapelle du Saint-Sacrement porta les marques extérieures de son veuvage, et elle ne fut dépouillée de ses voiles funèbres que le dimanche suivant. Des messes de *Requiem* se succédèrent tous les matins de ce *triduum* jusqu'au samedi, où un service solennel, célébré en présence des prêtres, des sœurs et des amis de l'abbé Soulas, clôtura cette série de prières publiques. Il en fut de même dans toutes les paroisses où sont établies les succursales des Sœurs Gardes-Malades, notamment à Béziers et à Cette, où MM. les Curés déployèrent dans cette occasion une pompe extraordinaire, comme preuve de l'attachement qu'ils portaient au saint prêtre, ainsi qu'aux œuvres dont il fut le fondateur. Les sœurs n'oublieront jamais ces témoignages d'affection accordés à la mémoire de leur père, et elles y répondront, nous en sommes sûr, par un redoublement de zèle dans l'exercice de leur ministère, au sein de ces paroisses trop heureuses d'avoir à leur tête des pasteurs si dévoués au bien.

XV.

Mais pendant ces jours de deuil pour toutes les maisons de l'abbé Soulas, ses amis ne pouvaient se défendre d'une préoccupation bien naturelle : il leur tardait, en effet, de voir de quelle manière cet homme de bonnes œuvres par excellence avait mis ses établissements à l'abri des convoitises et de la rapacité de ceux qui pourraient faire valoir leurs droits à l'héritage, sous prétexte du bénéfice de la loi. Cette curiosité, partagée peu à peu par tous nos concitoyens, ne tarda pas à être satisfaite. Bientôt le *Messager du Midi*, journal de Montpellier, publia le testament de l'abbé Soulas et une lettre adressée à sa mère peu de jours avant sa mort (1). Cette révélation consola les gens de bien ; ils purent se convaincre que, grâce à la prudence et à la sagesse du bienfaiteur des pauvres, les aumônes qu'il avait reçues iraient droit aux bonnes œuvres, selon l'intention des donateurs, sans passer par des mains mercenaires.

(1) Numéro du 27 mai 1857,

Nous plaçons ici ces deux documents qui prouveront à ceux qui ne les connaissent pas encore, combien l'abbé Soulas eut à cœur d'éloigner tout embarras après sa mort, en faisant appel à la religion et à la conscience de ceux qui lui étaient unis par les liens de la nature. Ce ne sera pas sa faute s'il n'est pas entendu, car son langage ne peut être ni plus clair ni plus explicite :

TESTAMENT DE M. SOULAS.

Au nom de la très-sainte et adorable Trinité, Père, Fils et Saint-Esprit;

Je soussigné, André Soulas, prêtre, chanoine de second ordre, ai fait mon testament olographe de la manière qui suit :

Je donne à ma bien-aimée mère, Marie Caizergues, veuve d'Antoine Soulas, mon père, tous les biens qui me viennent de ma famille, lesquels biens consistent en une maison et une vigne, le tout situé dans la commune de Viols-le-Fort, arrondissement de Montpellier. Quant à tous mes autres biens, qui ne me sont arrivés que partie par les dons des âmes pieuses et charitables, partie par les travaux et économies des Sœurs Gardes-Malades, je dispose de la manière qui suit :

J'institue pour mon héritière générale et universelle Virginie Montagnol-de-Cazillac, supérieure générale des Sœurs Gardes-Malades, résidant à Montpellier. Je lui donne tous mes biens présents et à venir, pour en prendre possession et jouissance aussitôt après mon décès.

Je révoque tous mes précédents testaments et toutes dispositions de dernières volontés que je puis avoir faits jusqu'à ce jour.

Tel est mon testament olographe, que j'ai écrit en entier, daté et signé de ma propre main.

Fait à Montpellier, le 9 août 1854.

SOULAS, prêtre.

———

LETTRE DE M. SOULAS ADRESSÉE A SA MÈRE.

MA CHÈRE MÈRE,

A ma mort, je vous laisse tous les biens qui me viennent de la famille; pour les autres biens que je possède, ils ne m'appartiennent pas, ils sont aux pauvres; je les laisse à ma chère fille en Jésus-Christ, Marie de Jésus, supérieure des Sœurs Gardes-Malades, qui connaît mes intentions et mes sentiments. Vous respecterez donc, ma chère mère, mes volontés dernières; vous ne toucherez en rien aux biens qui n'appartiennent ni à vous ni à aucun membre de la famille. Toucher à ces biens en quoi que ce soit, ce serait, ma chère mère, commettre une injustice, compromettre évidemment votre conscience et attirer sur vous et sur la famille les malédictions de Dieu. Le couvent des Sœurs ne vous délaissera jamais; vous trouverez, j'en suis sûr, dans Marie de Jésus, supérieure, un autre moi-même.

Priez pour ma pauvre âme, et croyez aux sentiments de respect et d'amour de votre fils.

SOULAS, prêtre.

7*

Maintenant il nous reste à mettre sous les yeux
du lecteur deux pièces plus intéressantes encore
que les précédentes, puisqu'elles contiennent les
intentions formelles de l'abbé Soulas ; il nous y
peint lui-même son propre cœur, si préoccupé de
l'éternité, si plein de sollicitude pour ses œuvres,
si beau de charité, de désintéressement, de
sainteté. Ces deux admirables écrits, qui sont
comme son testament spirituel, furent trouvés
sur sa table immédiatement après son décès. Il
est probable qu'il y avait mis la dernière main
avant de tomber malade. Le premier est une lettre adressée à la supérieure générale des Sœurs
de Notre-Dame-Auxiliatrice, et le second est un
petit cahier, auquel probablement il aurait ajouté
bien d'autres choses si Dieu lui en eût donné
le temps. Il contient pourtant tout ce qu'il lui
était nécessaire de prévoir en cas de mort. On
verra que l'abbé Soulas n'oublie personne et qu'il
pense, avec l'amour d'un bon père, à tous ceux
qui l'avaient suivi comme ses enfants :

A MARIE DE JÉSUS, *Supérieure générale des Sœurs Gardes-Malades.*

MA CHÈRE FILLE,

Je vous établis l'héritière de tous mes biens; vous connaissez mieux que personne mes intentions et mes sentiments. J'ai travaillé, j'ai vécu, il me le semble, pour les pauvres. Souvent je vous ai prêché l'amour des pauvres. Je n'ai craint pour la communauté, pour la petite congrégation des Sœurs Gardes-Malades, que la richesse, qui a été de tout temps le fléau des ordres religieux. Aussi, de concert avec vous, j'ai fondé successivement la Crêche, la Colonie, le Bon-Secours, l'œuvre des Mendiants, la réunion de quelques prêtres dévoués, pour aimer et pour faire aimer surtout aux pauvres Jésus-Christ dans l'Eucharistie.

Mon intention formelle est que vous veniez au secours de toutes ces œuvres autant que vous pourrez. Pour cela, entretenez dans le cœur de vos filles l'amour de Jésus-Christ par l'humilité et la pauvreté. Répétez ce que je vous ai dit souvent : Travailler, fatiguer, user sa santé auprès des malades, et l'obole qui en revient la faire servir aux pauvres, au soin, à l'entretien des orphelins et des malheureux; c'est là, à mon avis, le sublime de la charité. A mesure donc que vous recevrez, donnez, soulagez. N'est-ce pas là l'esprit de vos constitutions?

Aidez-vous des âmes pieuses; il ne faut pas craindre de demander et de recevoir lorsque tout ce qu'on possède est le patrimoine des pauvres, et qu'on a juré à Dieu la pauvreté, l'abnégation pour la vie tout entière.

Employez le zèle de Mme X...; priez pour elle, pour sa famille; associez-la à vos bonnes œuvres. Vous lui ferez du bien, et vous payerez au centuple tout ce qu'elle pourra faire pour vos pauvres.

Gardez dans la communauté mes petits meubles, surtout ma croix de missionnaire. Cette croix a été pour moi le trésor le plus précieux de ma vie. Gardez-la vous-même, portez-la et laissez-la à votre mort à nos filles. Toutes inspirez-vous de la croix, et, j'en suis sûr, les constitutions seront toujours respectées.

Vous connaissez mes nombreuses misères, mes défauts; priez pour moi, pour ma pauvre âme qui a voulu cependant aimer Jésus. Je demande un souvenir de tous les jours dans les prières de toutes mes chères filles, dont le salut a été pour moi pendant la vie l'objet de tant de sollicitude. Mes filles me pardonneront lorsque je leur ai occasionné de la peine. Dans tout ce que j'ai fait et dit, dans mes réprimandes, dans mes punitions, j'ai pu être trop dur, trop âpre; mais je puis assurer qu'en tout j'ai cherché le bien de leur corps et de leur âme. Pour vous, ma chère fille, vous avez eu des relations quotidiennes avec moi; vous avez souffert de mes humeurs, de mes vivacités; pardonnez-moi. J'ai été et je suis jusqu'à mon dernier soupir un père pour vous; ma confiance en vous a été sans bornes, vous le savez; vous avez été le confident fidèle de toutes mes peines. Je n'ai pas passé un jour de ma vie sans prier pour vous. Priez pour moi et pardonnez-moi. Un jour, j'en ai l'assurance, nous nous verrons dans le Ciel, louant, aimant le Dieu qui a eu pitié de nous.

Je vous recommande ma bonne et vieille mère; faites pour elle ce que j'étais obligé de faire, ne la laissez souffrir de rien. Conservez des relations avec mes frères et sœurs, pour les porter au bien et au zèle pour leur salut. Vous connaissez quelle a été ma conduite vis-à-vis de mes parents : attachement, conseil, amour; AFFAIRE D'ARGENT, JAMAIS. Ils gagnent leur vie, cela suffit.

SOULAS, prêtre.

—

V. J. M. J.

CAHIER qui sera remis après ma mort entre les mains de ma chère fille en Jésus-Christ, Marie de Jésus, supérieure générale et fondatrice des Sœurs Gardes-Malades; elle y trouvera mes instructions et mes conseils qui, je l'espère, seront respectés et suivis fidèlement par elle et par toutes ses chères filles.

Vive Jésus dans nos cœurs par l'amour et l'humilité !

Je prie instamment toutes mes filles et sœurs en Jésus-Christ d'oublier toutes mes misères, tous les scandales que j'ai pu leur donner par mes impatiences et par mes vivacités, de me les pardonner. J'ai pu quelquefois être vif, sévère, âpre vis-à-vis d'elles; mais je dois leur avouer que dans tout ce que j'ai fait et dit, j'ai eu toujours en vue leur sanctification et leur perfection. Je les exhorte toutes ici de prier après ma mort pour le repos de mon âme, que je désire bien vivement sauver; elles doivent savoir que, plus que personne, j'aurai besoin de ferventes prières. J'ai la douce confiance que toutes, par ce moyen, se montreront reconnaissantes pour le peu de bien que j'ai pu leur faire. Je réclame de la piété de leur mère supérieure de faire succéder auprès de mon corps, jusqu'au moment des funérailles, deux ou quatre sœurs pour prier, et de recommander aux personnes qui seront obligées de me mettre au suaire de le faire avec respect et décence. Je demande un enterrement simple, et le jour même de mes funérailles, on donnera en argent ou en pain la somme de 100 fr. aux pauvres mendiants. Mes orphelins et mes orphelines réciteront pendant un mois le chapelet des morts pour le repos de mon âme ; mes sœurs diront à la même intention un *De profundis* le matin et le soir, pendant un an, et le chapelet des morts tous les vendredis de cette année; mes prêtres, qui doivent après moi continuer mes œuvres, auront, je l'espère, l'extrême charité de dire tous, pendant huit jours, leurs messes à la même intention, et tous les vendredis, pendant un an, ils diront une messe de mort. Je prie la mère supérieure de donner à l'économe de mes prêtres 350 fr. pour les honoraires. Point de dépenses inutiles sur la tombe; cet argent, qu'on emploierait à des vanités, me sera plus profitable en le donnant aux pauvres. Si je meurs avant ma chère mère, je prie ma chère fille Marie de Jésus, supérieure, d'en avoir soin et de me remplacer auprès d'elle. Ma famille n'a jamais eu besoin de moi; pendant ma vie, je ne lui ai donné que des prières et un souvenir tous les jours au saint Sacrifice de la messe. Si quelqu'un de ses membres était pauvre à être assisté, on le confondrait avec les pauvres que la congrégation des Sœurs assiste et pas davantage. Si les Sœurs Gardes-Malades conservent l'esprit de pauvreté, d'humilité, de travail et surtout d'obéissance à leurs constitutions, que je me suis efforcé de leur inspirer, je suis sûr qu'elles pourront conserver, entretenir et augmenter même les œuvres que je le leur laisse : les Orphelins, les Orphelines, les Mendiants, l'Adoration perpétuelle.

Pour elles, comme pour les œuvres ci-dessus, elles ont besoin de plusieurs aumôniers. Je leur laisse une petite association de prêtres-adorateurs-missionnaires qui sont chargés de les diriger elles-mêmes et leurs œuvres. La reconnaissance leur fera un devoir de venir à leur aide et d'avoir pour eux un grand respect et une entière confiance. Elles prendront conseil de ces prêtres, qui seront autant de pères pour elles.

Le frère Louis, le jardinier, François, le sacristain, doivent trouver dans la communauté un avenir, et doivent être nourris et entretenus jusqu'à leur mort.

Mgr l'Évêque, à la lecture de ces deux documents, qui lui furent présentés par Mme la Supérieure-Fondatrice, fut si profondément ému qu'il s'écria : « Je suis heureux de tout ce que je vois, et je me ferai un devoir de respecter les intentions sacrées d'un prêtre que je regarde comme un saint. »

Oui, il ne peut être qu'un saint celui qui n'eut sur la terre d'autre ambition que l'ambition de son Dieu. Une telle parole, tombée des lèvres du premier pasteur de ce diocèse et répétée par cent mille langues, est le plus bel éloge qu'on puisse entendre de l'abbé Soulas, lui dont la vie rappelle les actions de tant de héros du sanctuaire, lesquels, à différentes époques, sont venus au sein de l'Église édifier les peuples par leurs grandes vertus. Si, jeune encore, il s'est hâté de saisir d'une main ferme la palme du triomphe, c'est que, pour des hommes de ce genre, les années sont des siècles, tant elles sont chargées de mérites. Laissons-le donc se plonger dans le sein de cette gloire qui fut l'objet de ses efforts et de ses vœux les plus ardents, pour ne nous souvenir que de ses exemples. Sa foi vive, sa piété angélique, son zèle immense et sa charité sans bornes à l'égard du prochain, ne mourront pas avec lui. Il nous les laisse comme un héritage et comme une prédication solennelle. L'abbé Soulas est un de ces apôtres qui parlent encore après leur mort, selon l'expression d'un prophète : *Defunctus adhuc loquitur.* Les œuvres dont il fut le père ne sont-elles pas des monuments éternels qui feront toujours bénir sa mémoire? Enfin, n'est-il pas lui-même le plus beau monument élevé par la foi à la gloire de la religion?

Qu'on vienne donc accuser cette fille du Ciel de tomber de lassitude, d'être l'ennemie du progrès et des lumières, de tuer l'intelligence et le sentiment dans le cœur de l'homme! Que deviendront tous ces tristes jeux de mots en face d'un prêtre comme l'abbé Soulas? Qu'on jette encore, si l'on veut, sur le sacerdoce un manteau d'ignominie, comme on fit autrefois sur les épaules de notre divin Maître! Qu'on se serve de quelques fautes ou de quelques abus qui, à certains jours, ont épouvanté le monde, pour flétrir et pour mau-

dire, selon la coupable routine de la mauvaise
foi, le corps le plus respectable qui soit au monde,
le corps du clergé! Qu'on batte des mains en signe
de victoire pour applaudir aux écrits libertins de
tant d'auteurs éhontés, qui osent crier au peuple
que le prêtre est un homme inutile et même dan-
gereux à la société et à la famille! Tant que le
Catholicisme produira des hommes comme l'abbé
Soulas, le peuple, avec son bon sens si plein
d'énergie, répondra à tous ces faux prophètes :
Vous mentez.

Mais, dira-t-on, où est aujourd'hui l'abbé Soulas? où est son dévouement? où est sa charité?
Où est-il? Ah! il est partout autour de vous; la
source féconde de ses vertus et de ses mérites n'a
pas tari; elle jaillit encore à grands flots pour
porter la fertilité et la vie au sein des œuvres
dont cet homme de Dieu a enrichi la société
aussi bien que la religion. Non! non! il n'est pas
mort, au dix-neuvième siècle, ce Catholicisme
qu'on nous représentait comme une vieille rêverie;
l'abbé Soulas, ses prêtres, ses deux cents gardes-
malades, ses cent trente orphelins, sa crèche, ses
pauvres, sa congrégation des domestiques, sa
Persévérance, sa chapelle de l'adoration, sont
là pour répondre qu'il est toujours dans une éternelle jeunesse.

Et maintenant que nous terminons la vie d'un saint missionnaire que tout le diocèse a connu, que tous les prêtres ont aimé, que toute la ville de Montpellier a admiré, que tous les pauvres, les malades et les orphelins ont pleuré comme un père et un bienfaiteur, nous ne pouvons nous dispenser de citer ces dernières lignes de la notice insérée dans l'*Univers catholique* par M. l'abbé d'Alzon, ami intime de l'abbé Soulas (1) :

« On dit quelquefois qu'il n'y a plus de saints.
» Pour nous, qui eûmes près de trente ans la con-
» fiance et l'amitié de cette âme sacerdotale, en
» venant demander pour elle des prières, der-
» nière purification nécessaire peut-être, nous ne
» serions pas surpris que l'Église, qu'il aima tant,
» ne le présentât un jour à la vénération des fidè-
» les comme un modèle de l'amour envers les
» pécheurs, les pauvres et Notre-Seigneur au
» sacrement de l'autel.

» Puisse Dieu, dans sa miséricorde, susciter
» à son Église beaucoup de ces humbles et puis-
» sants ouvriers qui, dans ces temps mauvais,
» vont apaiser les colères préparées dans les mas-
» ses par les passions et le scandale d'un luxe
» effréné, et savent ranimer dans le cœur du

(1) Numéro du 12 mai 1857.

» pauvre, par leur charité et leur exemple, à la
» place de la convoitise et de la haine, la rési-
» gnation et l'espoir d'un monde meilleur! »

Quoi qu'il en soit, l'abbé Soulas, du haut de
son trône, dont il a fait la conquête par toutes les
vertus d'un cœur héroïque, entendra les vœux
de ses prêtres, de ses sœurs, de ses orphelins,
de ses pauvres, qui lui crient sans cesse, comme
autrefois Élisée à Élie : *Mon père! mon père! char
d'Israël et son conducteur!* Ah! puisse-t-il leur
laisser, en s'envolant vers les cieux, son plus
précieux trésor, c'est-à-dire le manteau de sa
charité, avec lequel ils opèreront ici-bas les
mêmes prodiges, afin qu'on dise de chacun d'eux,
après leur mort, ce qu'on a si bien dit de lui-
même : IL EST PASSÉ EN FAISANT LE BIEN!
Pertransiit benefaciendo.

FIN.

TABLE.

FIN DE LA TABLE.

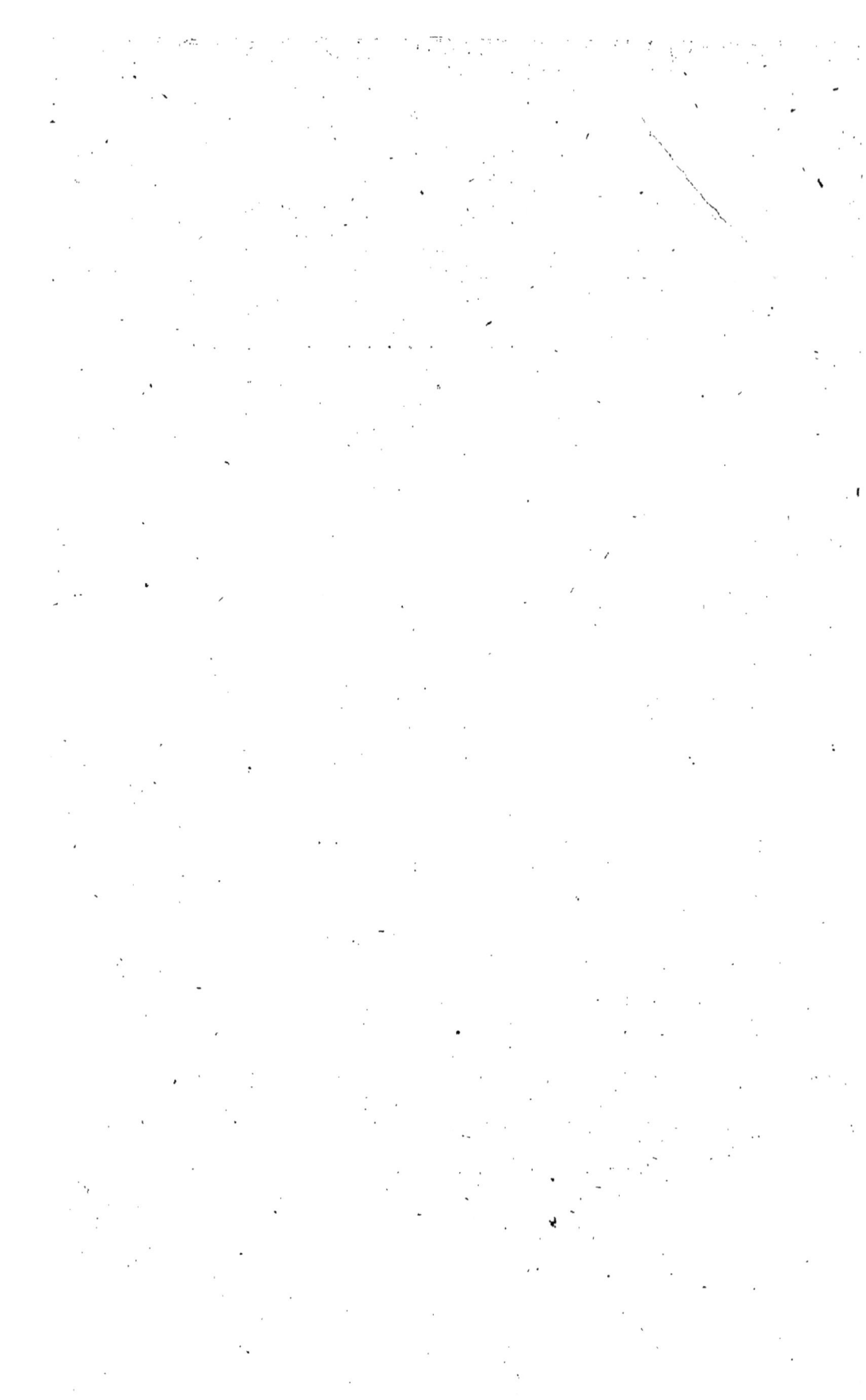

www.ingramcontent.com/pod-product-compliance
Lightning Source LLC
Chambersburg PA
CBHW052059090426
42739CB00010B/2239